DIREITO, ÉTICA E BIOSSEGURANÇA

FUNDAÇÃO EDITORA DA UNESP

Presidente do Conselho Curador
Marcos Macari

Diretor-Presidente
José Castilho Marques Neto

Editor Executivo
Jézio Hernani Bomfim Gutierre

Conselho Editorial Acadêmico
Antonio Celso Ferreira
Cláudio Antonio Rabello Coelho
José Roberto Ernandes
Luiz Gonzaga Marchezan
Maria do Rosário Longo Mortatti
Maria Encarnação Beltrão Sposito
Mario Fernando Bolognesi
Paulo César Corrêa Borges
Roberto André Kraenkel
Sérgio Vicente Motta

Editores Assistentes
Anderson Nobara
Denise Katchuian Dognini
Dida Bessana

JULIANA ARAÚJO
LEMOS DA SILVA MACHADO

Direito, ética e biossegurança
A obrigação do Estado na proteção do genoma humano

editora
unesp

© 2008 Editora UNESP

Direitos de publicação reservados à:
Fundação Editora da UNESP (FEU)
Praça da Sé, 108
01001-900 – São Paulo – SP
Tel.: (0xx11) 3242-7171
Fax: (0xx11) 3242-7172
www.editoraunesp.com.br
feu@editora.unesp.br

CIP – Brasil. Catalogação na fonte
Sindicato Nacional dos Editores de Livros, RJ

M129d

Machado, Juliana Araújo Lemos da Silva
Direito, ética e biossegurança: a obrigação do Estado na proteção do genoma humano/Juliana Araújo Lemos da Silva Machado. -- São Paulo: Editora UNESP, 2008.

Inclui bibliografia
ISBN 978-85-860-3

1. Direito e biologia. 2. Genoma humano - Aspectos morais e éticos. 3. Biossegurança. 4. Bioética. 5. Direitos humanos. I. Título.

08-3142.   CDU: CDU: 340:17

Este livro é publicado pelo projeto Edição de Textos de Docentes e Pós-Graduados da UNESP – Pró-Reitoria de Pós-Graduação da UNESP (PROPG) / Fundação Editora da UNESP (FEU)

Editora afiliada:

*A Teresinha de Fátima Pereira
de Araújo (in memoriam) que, com sua
dedicação à universidade pública,
foi quem primeiro me inspirou a seguir
os caminhos da academia. Mais do
que tia, foi amiga; diante das
adversidades, foi humilde; e diante
do absurdo, deixou o exemplo de
quem, até o fim, soube viver
com leveza, com amor e
com alegria. Saudades...*

*Ao meu pai, Ricardo, e à minha mãe,
Maria Cristina, com eterna
gratidão pela dedicação, pelo apoio,
pela paciência e confiança.*

*A Antônio Alberto Machado, pelos
sonhos, pelas esperanças, por tudo que
já foi e pelo que virá. E também
por ter me mostrado que o Direito,
muito mais do que leis e códigos,
é instrumento de libertação.*

Agradeço ao meu orientador no mestrado,
professor João Bosco Penna, pela confiança;
aos meus avós, Olávia e Elpenor,
pelo carinho e apoio de sempre;
aos meus irmãos, Manoel, Ana Cristina
e Thaís, pela torcida silenciosa;
aos professores Christiano José de
Andrade, Paulo César Corrêa Borges e
Elizabete David Novaes, pelas
importantes sugestões e observações feitas
no exame de qualificação e na defesa
da dissertação de mestrado;
aos colegas do Núcleo de Estudos de Direito
Alternativo da Unesp/Franca (Neda),
pelas sempre valiosas discussões e trocas de idéias,
especialmente sobre a filosofia da libertação.
Este livro é uma versão revista e
atualizada de minha dissertação de mestrado
defendida junto à Faculdade de História,
Direito e Serviço Social da Universidade
Estadual Paulista "Júlio de Mesquita
Filho" (Unesp), campus de Franca,
em 13 de dezembro de 2005, no Programa
de Pós-Graduação em Direito.

O mundo se encontra bastante avançado,
A ciência alcança progresso sem soma,
Na grande pesquisa feita no genoma,
Todo o corpo humano já foi mapeado,
E lá neste mapa já foi tudo contado,
Oitenta mil genes se pode contar.

A ciência faz chover e molhar,
Faz clone de ovelha,
Faz cópia completa,
Mas duvido a ciência fazer um poeta,
Cantando galope na beira do mar...

Geraldo Amâncio (repentista), Recife

Sumário

Introdução 13

Parte I
Bioética e biodireito 27
1 Ética e moral 29
2 Doutrinas éticas fundamentais 63
3 Bioética 81
4 Biodireito 103

Parte II
Direito ao genoma humano e proteção estatal 117
1 Manipulação genética humana 121
2 Direito ao genoma humano 161
3 A obrigação do Estado em face do direito
   ao genoma humano 189

Conclusão 215
Referências bibliográficas 223

INTRODUÇÃO

Colocação do tema

O século XX assistiu ao formidável desenvolvimento da tecnologia em diversos campos do saber e, de modo especial, no campo das ciências da vida e da saúde. Esse elevado desenvolvimento tecnológico das ciências biológicas, no entanto, veio acompanhado de uma inevitável desarmonia entre os novos implementos e potencialidades da ciência e os interesses do homem, muitas vezes colocado em situação de vulnerabilidade diante do novo e desconhecido mundo da tecnologia biológica. Tal descompasso entre o elevado progresso da "tecnociência" e os interesses genuinamente humanos provocou a discussão em torno dos limites éticos das conquistas científicas nesse campo do saber, fazendo surgir o que ora se denomina "bioética".

Essas preocupações em torno da necessidade de estabelecer-se certos limites éticos ao desenvolvimento científico – sem, no entanto, cerceá-lo – vieram a refletir no campo do direito, passando a exigir desse a normatização dos novos procedimentos e técnicas em interferência direta com a vida e a saúde humanas – "biodireito".

Nesse mesmo contexto, surge o termo "biossegurança", que designa a segurança dos novos procedimentos e técnicas com relação à vida existente no planeta (segurança da vida). A biossegurança é aferida levando-se em conta os riscos que podem advir da pesquisa e aplicação das novas tecnologias biológicas para a vida animal e vegetal e para todo o meio ambiente.

É nesse ponto – da biossegurança – que se evidencia mais claramente a obrigação do Estado na proteção da vida e da saúde humanas quando sujeitas a riscos e danos potencializados por atividades de pesquisa, aplicação e comercialização de novas tecnologias. Em nosso caso, a obrigação do Estado brasileiro na tomada de medidas políticas e jurídicas que visem fornecer uma base de segurança para a vida e a saúde humanas ante a biotecnologia decorre da Constituição Federal, que, em diversos dispositivos, tutela o direito à vida e à saúde (*caput* dos artigos 5º, 6º, 196 e 225) e incumbe ao Poder Público a preservação da diversidade e integridade do patrimônio genético do país, a fiscalização das entidades dedicadas à pesquisa e manipulação de material genético, e o controle da produção e da utilização de técnicas que comportem risco para a vida e a qualidade de vida humanas (parágrafo 1º, incisos II e V, do artigo 225). Essas obrigações vêm se materializando em alguns instrumentos jurídicos já existentes no país, como a nova Lei de Biossegurança, recentemente aprovada pelo Congresso Nacional.

Nesse novo campo especulativo inaugurado pela bioética e pelo biodireito, avultam de importância as discussões em torno do genoma humano, dado o grande desenvolvimento da chamada "engenharia genética" a partir das duas últimas décadas do século XX. De fato, o mapeamento e o seqüenciamento do genoma humano, recentemente concluídos, e as possibilidades cada vez mais concretas e amplas de manipulação de nosso patrimônio genético vêm acarretando uma ampliação da proteção jurídica da vida e da saúde humanas, bem como do próprio corpo humano.

O direito ao corpo tradicionalmente vem associado aos aspectos físicos e/ou fisiológicos do corpo humano, então entendido como uma estrutura de sistemas, aparelhos e órgãos coordenados para desempenhar funções que, em última instância, estariam todas voltadas para o fim precípuo de proporcionar a vida desse macroorganismo que é o ser humano. No entanto, com o espantoso desenvolvimento da engenharia genética, o direito ao corpo, hoje, vai muito além

DIREITO, ÉTICA E BIOSSEGURANÇA 15

dos aspectos físicos e fisiológicos apontados, passando a abranger o próprio genoma humano. Da mesma forma, o direito à vida passa a ser compreendido numa perspectiva mais ampla, abrangendo uma configuração genética que antes passava despercebida, e o direito à saúde também vem a sofrer os influxos das novas conquistas na área da engenharia genética, as quais, por um lado, abrem novas perspectivas de cura para inúmeras doenças e, por outro lado, trazem novos riscos para a saúde humana.

É, então, a partir da década de 1980, quando se desenvolveu a tecnologia que veio a possibilitar a manipulação do código genético humano, que se começa a configurar um direito ao genoma humano, o qual pode ser entendido, por um lado, como direito difuso e patrimônio da humanidade, e, por outro, sob o prisma do indivíduo, como direito individual à integridade, à identidade e à intimidade genéticas.

Nesse campo das intervenções tecnocientíficas no corpo humano e, especialmente, no código genético do ser humano, algumas técnicas e procedimentos têm despertado acalorados debates entre estudiosos dos mais diversos ramos do conhecimento (biologia, medicina, filosofia, ética, direito etc.), bem como entre líderes religiosos e a opinião pública em geral. Dentre as técnicas de manipulação do genoma humano, algumas ainda em fase de experimentação científica, este trabalho irá tratar, em especial, da clonagem humana e das técnicas de alteração do material genético humano.

Com relação à clonagem humana, caberá distinguir entre a clonagem reprodutiva e a clonagem terapêutica. A primeira é basicamente uma forma de reprodução assexuada (sem a união do óvulo e do espermatozóide), e que origina indivíduos com genoma idêntico ao do ser provedor do DNA. A clonagem reprodutiva humana, portanto, tem a finalidade específica de gerar um novo ser humano. Já a clonagem terapêutica tem por fim gerar embriões para a obtenção de células-tronco (do inglês *stem cells*). Essas são células indiferenciadas capazes de se transformar em qualquer célula do corpo humano, o que explica o grande interesse da comunidade científica em torno delas, visto que tais células têm a potencialidade de vir a ser utilizadas no tratamento de diversas doenças, mediante a implantação nas regiões afetadas do

16 JULIANA ARAÚJO LEMOS DA SILVA MACHADO

corpo humano (técnica conhecida como terapia celular), ou mesmo pelo seu cultivo em laboratório, visando ao desenvolvimento *in vitro* de tecidos, órgãos e partes do corpo humano para posterior transplante. Daí a denominação que tais células vêm recebendo na mídia: "células da esperança" (Buchalla & Pastore, 2004, p.84).

No que diz respeito às técnicas de alteração do material genético humano, dever-se-ão considerar os diversos procedimentos destinados à modificação da constituição genética de seres humanos, mediante o manejo de genes. Nesse ponto, será importante diferenciar o manejo genético de células humanas germinativas, de células-tronco embrionárias humanas e de células humanas somáticas. Igualmente importante será a distinção entre as técnicas de intervenção genética com fins terapêuticos (terapia gênica ou geneterapia) e aquelas sem fins terapêuticos.

As implicações éticas e os riscos para a biossegurança, advindos das técnicas aqui especificadas, são muitos. No caso da clonagem reprodutiva humana, tem-se a reprodução de um ser humano, criando um novo indivíduo geneticamente idêntico àquele que cedeu o material genético, com prejuízo para a individualidade genética a que cada ser humano tem direito, e com riscos para a própria biodiversidade da espécie humana. No caso da clonagem terapêutica, coloca-se a questão da geração de embriões para finalidade outra que não a reprodução humana, eis que são simplesmente descartados após a retirada das células-tronco. No que toca às técnicas de alteração do material genético humano, os contornos éticos e os riscos para a biossegurança revelar-se-ão distintos conforme se esteja a tratar de intervenção em célula germinativa, em célula embrionária ou em célula somática, de intervenção terapêutica ou não-terapêutica, eis que aí a transmissão da alteração genética à descendência dependerá do tipo de célula manipulada e a admissibilidade ética dos procedimentos dependerá da finalidade que se busca alcançar (a cura de doenças ou outros efeitos fenotípicos).

A comunidade científica tem, de um modo geral, se mostrado receptiva à terapia gênica somática (alteração do código genético das células somáticas, com finalidade curativa), bem como à clonagem terapêutica, partindo do pressuposto de que, nesse último caso, a manipulação se

DIREITO, ÉTICA E BIOSSEGURANÇA 17

dá com um emaranhado de células cultivadas em laboratório, não se podendo falar já nesse estágio em vida humana ou, pelo menos, em vida humana viável, dado que tal "embrião" jamais seria implantado em um útero. Com relação à clonagem reprodutiva e à manipulação genética de células germinativas e de células-tronco embrionárias, os cientistas, em sua maioria, têm reconhecido a grande implicação ética dessas técnicas, bem como os riscos que elas podem acarretar para toda a espécie humana, rejeitando sua aplicação.

Essas preocupações em torno da manipulação genética humana, tanto do ponto de vista da ética quanto do ponto de vista da biossegurança, repercutiram na seara do direito, com o surgimento, no mundo todo, de diplomas normativos internos e internacionais, dispondo sobre a intervenção no genoma humano. Fala-se, então, na obrigação do Estado na proteção do genoma humano e na efetivação do novo direito ao genoma humano, sempre com vistas a proporcionar a segurança indispensável à vida e à saúde do ser humano (biossegurança), e o respeito a princípios éticos fundamentais, como o é o princípio da dignidade da pessoa humana.

No Brasil, a nova Lei de Biossegurança (Lei Federal n.11.105, de 24 de março de 2005) abordou parcialmente a matéria, tendo vedado a clonagem humana tanto reprodutiva quanto terapêutica; com relação às técnicas de alteração do código genético humano, o novo diploma legal proibiu a manipulação em célula germinal humana, zigoto e embrião humanos. Aliás, essas condutas, bem como a clonagem humana foram tipificadas penalmente pela lei.

Como se verá, no entanto, outras questões permanecem em aberto, e na busca de soluções para tais questionamentos, alguns pressupostos não poderão ser desconsiderados: o conhecimento e distinção das diversas técnicas de manipulação genética humana, com a consciência esclarecida dos riscos e benefícios de cada uma, parece mesmo imprescindível para a tomada de decisões políticas, legislativas e judiciais seguras a respeito do assunto; a regulamentação clara e objetiva da manipulação do genoma humano, inclusive com a definição das atribuições e competências de cada órgão criado para atuar nessa área, é condição para a constituição de uma base de segurança para a vida e a saúde humanas em nosso país; e, sobretudo, a participação da sociedade civil nesse processo, com a realização de audiências públicas e a viabilização de outros mecanismos de participação, é imprescindível para a própria legitimidade das decisões que venham a ser tomadas nesse campo.

O grande desafio, portanto, é alcançar a compatibilização entre os interesses da ciência e a indispensável proteção do ser humano, pois, se, por um lado, cabe ao Estado a proteção da vida e da saúde humanas e, logo, do genoma humano, por outro, tem ele também a obrigação de resguardar a liberdade de expressão científica (Constituição Federal, artigo 5º, inciso IX) e de promover e incentivar o desenvolvimento científico, a pesquisa e a capacitação tecnológicas (Constituição Federal, artigo 218, *caput*).

A busca desse ponto de equilíbrio deverá ser feita de forma democrática, assegurando-se a ampla informação e participação da sociedade civil, e de forma crítica, denunciando-se o mito positivista da neutralidade científica e desnudando-se os interesses econômicos das grandes empresas internacionais de biotecnologia, as quais, aliás, já estão patenteando genes humanos, em total afronta à concepção do genoma humano como direito difuso e patrimônio da humanidade.

Ao Estado, por meio do direito – vedando o uso de algumas técnicas, regulamentando outras, criando os órgãos competentes para atuar na área e estabelecendo uma política nacional de biossegurança –, caberá um papel fundamental na proteção e efetivação do direito ao genoma humano, competindo-lhe zelar para que a ciência não se desvencilhe da ética e para que o progresso científico se dê apoiado em bases de segurança para a vida humana.

Objetivos

O objetivo central deste livro é analisar a obrigação do Estado em face do direito ao genoma humano, tendo em vista as novas e distintas formas de manipulação genética humana, com destaque especial para as técnicas de alteração do código genético humano e de clonagem humana (reprodutiva e terapêutica).

DIREITO, ÉTICA E BIOSSEGURANÇA 19

Em torno desse objetivo central, pretende-se:

a) buscar na Constituição Federal as normas que fundamentam e delineiam a mencionada obrigação do Estado de proteger o genoma humano;

b) distinguir e compreender as técnicas aqui especificadas, analisando os riscos e benefícios de cada uma, e ponderando as implicações éticas delas advindas, com vistas a fornecer um aparato ético-jurídico para a tomada de decisão nesse campo do biodireito;

c) contextualizar as técnicas da clonagem humana e da alteração do código genético humano dentro do ordenamento jurídico vigente, analisando as normas constitucionais e infraconstitucionais aplicáveis à matéria;

d) destacar a importância da participação da sociedade civil no processo de tomada de decisões sobre a manipulação do genoma humano, com a realização de audiências públicas e a viabilização de outros mecanismos de participação, como pressuposto para a própria legitimidade das medidas políticas, legislativas e judiciais a serem tomadas pelo Estado;

e) refletir sobre a emergência desse novo direito humano – o direito ao genoma humano, indagando sobre seu conteúdo e alcance, bem como sobre sua inserção nas gerações de direitos humanos, para, então, refletir sobre o surgimento de uma quarta geração de direitos humanos, oriunda das revoluções biológica e biomédica. Ainda nesse aspecto, caberá refletir sobre a titularidade desse novo direito humano, encarando-o, por um lado, sob o prisma do indivíduo, como direito individual à integridade, à identidade e à intimidade genéticas, e por outro, como direito difuso e patrimônio da humanidade, e a partir daí questionar a validade e a legitimidade do patenteamento de genes humanos, que algumas empresas de biotecnologia já estão realizando;

f) como condição prévia e necessária para se refletir acerca dos avanços da ciência na área da engenharia genética, analisar a questão do direito ao genoma humano dentro do contexto mais amplo e geral da bioética e do biodireito, no sentido de se refletir acerca da responsabilidade da ciência, num momento em que, paradoxalmente, o desenvolvimento científico tem revelado progressos inimagináveis e as questões e os valores humanos autênticos têm sido tão descurados.

Plano de trabalho

A temática aqui abordada se insere no campo de reflexão da bioética e do biodireito. Esses, por sua vez, apresentam-se inseridos em campos de reflexão mais abrangentes, representados pela ética e pelo direito. Por esse motivo, em trabalho de tal índole, parece mesmo imprescindível um enfrentamento preliminar da temática ética e moral, bem como um estudo das relações que se estabelecem, por um lado, entre a ciência e a ética e, por outro, entre o direito e a ética.

Especificamente com relação à ética, é sabido que essa tem sido abordada sob os mais variados enfoques conceituais, ora sendo encarada como filosofia ora como ciência ora como realidade fenomenológica, e tais dificuldades conceituais tornam-se ainda maiores quando se trata de distinguir a ética da moral. E a bioética parece, numa conseqüência quase natural, padecer da mesma confusão conceitual, havendo aqueles que a enxergam como simples capítulo da filosofia, ou como um novo ramo da ciência, ou ainda como um mero conjunto de princípios (os chamados princípios da bioética), não sendo, ainda, poucas as vezes em que questões morais são tidas por questões éticas e vice-versa. A par dessa indeterminação conceitual, percebe-se que as reflexões éticas (e também as bioéticas), quase sempre, padecem de um intenso formalismo e abstração, o que por sua vez reflete uma concepção bastante difundida de que a ética, para ser ética, tem de exprimir os caracteres de universalidade, eternidade, imutabilidade, numa palavra, a-historicidade. Deveras, a ética freqüentemente é tida como uma instância apartada da realidade, do mundo vivido, imune às condicionantes históricas.

Por tudo isso, tornou-se necessário, como pressuposto quase lógico, num trabalho que pretende refletir no campo da bioética, uma compreensão mínima da temática ética e moral, pelo que se procurou, sem a pretensão de colocar um ponto final na discussão, tecer alguns parâmetros conceituais que permitissem desenvolver as ulteriores reflexões, bem como buscou-se, desde logo, tratar a ética sob uma perspectiva histórica e dialética, e também, como diriam os filósofos da libertação, sob uma perspectiva mais "engajada".

DIREITO, ÉTICA E BIOSSEGURANÇA 21

Quando, porém, se trata de lidar com questões éticas, percebe-se que um dos grandes e primeiros problemas que aparecem é justamente a questão da fundamentação da ética, isto é, o problema de estabelecer-se certos critérios materiais que possibilitem a opção axiológica e a tomada de decisão no campo da práxis, ou, numa palavra, o problema de definir-se um referencial ético que possa servir de vetor ou horizonte axiológico para a atuação moral concreta. A propósito, Oliveira (1995, p.7) considera que "neste contexto de falta de legitimação, antes de qualquer resposta a problemas específicos, se põe, como uma exigência urgente do próprio clima espiritual de nosso tempo, a necessidade de fundamentação de um horizonte a partir de onde nossas interrogações possam receber uma resposta". Sem isso, qualquer reflexão ética correrá sempre o risco de resvalar para o formalismo abstrato que, precisamente porque não indica nenhuma opção axiológica, pode fundamentar decisões em direções totalmente opostas (o que, reconheça-se, a rigor não é fundamentação; é decisão sem fundamento, ao menos, material).

Por esse motivo, uma vez que este trabalho enfrentará questões éticas cruciais com relação ao próprio destino da espécie humana, tornou-se necessária a busca por um referencial ético que fosse capaz de fornecer critérios materiais para uma reflexão bioética conseqüente e engajada, superando, assim, o formalismo do principialismo que tem orientado as reflexões bioéticas em sua esmagadora maioria. Nesse intuito, procedeu-se a um estudo abreviado das doutrinas éticas fundamentais, para, então, concentrar-se na Ética da Libertação, corrente essa que surgiu na década de 1970 na América Latina, tendo como grande precursor o argentino Enrique Dussel, e que, segundo se entende, exprime uma determinada opção político-ideológica capaz de fornecer subsídios materiais para a assunção de um claro compromisso ético no campo da práxis, vale dizer, capaz de fundamentar uma "ética de conteúdo" e não meramente "procedurístico-formal" (Oliveira, 1995, p.15).

Feito isso, tratou-se de abordar especificamente a bioética, entendida, em linhas gerais, como o campo da ética que tem se preocupado com as implicações éticas decorrentes da produção e aplicação do conhecimento científico quando relacionado às diversas formas de vida (animal e vegetal) existentes no planeta (bioética como ética da vida).

A temática, como se percebe, remete às relações entre ética e ciência, as quais, ao contrário do que possa parecer, não são auto-evidentes, nem dadas desde o início; em verdade, as relações entre ética e ciência só começam a aparecer a partir do momento em que o conceito moderno de ciência, de nítida orientação positivista, começa a entrar em crise, o que efetivamente vem a se verificar sobretudo a partir da segunda metade do século XX.

Revelou-se, pois, necessário, para uma compreensão devidamente contextualizada da bioética, um estudo prévio acerca das principais teorias que tentaram explicar o processo de elaboração do conhecimento humano (empirismo, racionalismo e dialética) e, em seguida, um estudo do conhecimento científico em particular, partindo-se do conceito positivista de ciência (positivismo empirista), dominante na modernidade, para chegar às recentes teorias crítico-dialéticas do conhecimento. Essas têm, por um lado, denunciado o mito do cientificismo forjado pelas correntes positivistas e, por outro, cobrado a inevitável responsabilidade social dos cientistas, considerando que a ciência, tal qual qualquer obra humana, é produto do agir livre humano, e, logo, perfeitamente suscetível de uma apreciação do ponto de vista ético. Com essa base, foi possível apresentar um entendimento acerca da bioética e daquela corrente que tem orientado a quase generalidade das reflexões tecidas nesse campo (o principialismo), para, enfim, estabelecer-se alguns pressupostos que devem estar no cerne de uma bioética da libertação.

Em seguida, uma parte do trabalho foi dedicada ao biodireito, também entendido nesse contexto de crise geral do paradigma positivista de ciência, que se reflete na seara jurídica. De fato, o biodireito pode ser visto, por um lado, como o reflexo, no campo do direito, daquelas preocupações éticas em torno da ciência, as quais vieram a requerer uma normatização dos procedimentos e técnicas em interferência direta com a vida; e, por outro, como manifestação dos novos ares que parecem soprar no âmbito da ciência jurídica por influência das correntes crítico-dialéticas do direito, as quais vêm denunciando o esgotamento do paradigma liberal-positivista do direito, e propondo, em superação,

DIREITO, ÉTICA E BIOSSEGURANÇA 23

um direito comprometido com a transformação das estruturas sociais que produzem tanta exclusão e opressão do ser humano, e que, para isso, não pode prescindir de um elemento ético.

Na verdade, o que se percebe é que o biodireito já nasce com uma intrínseca preocupação ética, exprimindo uma relação (entre a ética e o direito) que, no entanto, não é uma constante na trajetória do pensamento jusfilosófico. As relações entre ética e direito, tal qual as relações entre ética e ciência, também não são auto-evidentes, tendo havido mesmo quem quisesse expurgar totalmente da seara jurídica os fatores de ordem ética (assim, o positivismo normativista de Hans Kelsen). Por esse motivo, uma devida compreensão do biodireito exigiu, como condição prévia, uma análise, ainda que sucinta, das relações entre ética e direito ao longo da trajetória do pensamento jusfilosófico, tendo como pano de fundo a tradicional distinção entre direito natural e direito positivo.

Com isso, concluiu-se a primeira parte do trabalho (Parte I – "Bioética e biodireito") e foram estabelecidas as bases que permitiriam refletir sobre uma específica questão bioética e biojurídica de grande importância nos tempos atuais – a manipulação genética humana e o surgimento de um novo direito humano (o direito ao genoma humano), com a correlata obrigação do Estado em sua proteção e efetivação.

Assim, na segunda parte do trabalho (Parte II – "Direito ao genoma humano e proteção estatal"), iniciou-se apresentando as principais técnicas hoje disponibilizadas pela ciência para a manipulação genética humana, centrando-se a análise nas técnicas de alteração do código genético e na clonagem humana (reprodutiva e terapêutica). Nesse momento, a preocupação prevalecente foi identificar os riscos que tais técnicas oferecem quer para o homem individualmente considerado (a pessoa) quer para toda a espécie humana (a humanidade), desenvolvendo-se a análise tanto sob o prisma da biossegurança quanto sob o prisma das implicações éticas.

Em prosseguimento, procurou-se refletir sobre a especificidade do direito ao genoma humano, identificando as relações desse com o direito ao corpo, à vida e à saúde, e, em seguida, apresentando-o como um autêntico e novo direito humano, encarado sob o prisma do indivíduo como direito individual à intimidade, à identidade e à integridade genéticas, e sob o prisma da espécie humana, como direito difuso e patrimônio da humanidade, inserido numa quarta geração de direitos humanos.

Após, buscou-se delinear a obrigação do Estado brasileiro na proteção do genoma humano diante da vulnerabilidade em que esse foi colocado em face das novas técnicas desenvolvidas pela ciência, obrigação essa correlata ao direito ao genoma humano tal como sustentado neste trabalho. Para tanto, foi necessário refletir sobre a especificidade do Estado brasileiro fundado pela Constituição Federal de 1988 – Estado Democrático de Direito –, o qual se caracteriza, especialmente, pela consagração da participação política da cidadania no processo de formação dos atos de governo e pela qualidade de Estado promotor dos direitos humanos. Num passo seguinte, buscaram-se na Constituição Federal de 1988 as normas que fundamentam e delineiam a obrigação do Estado na proteção do genoma humano. Vislumbrou-se necessário, também, analisar as possibilidades de atuação estatal diante do confronto que se estabelece entre a liberdade científica e a proteção do genoma humano por intermédio da intervenção controladora do Estado na ciência e na tecnologia. Finalmente, foram analisados os mecanismos pelos quais o Estado brasileiro poderá atuar no cumprimento de sua obrigação constitucional de efetivação do direito ao genoma humano, com destaque para a normatização das técnicas de manipulação genética humana, a criação de órgãos com competência para atuar nessa área e a adoção de uma política nacional de biossegurança.

São essas, pois, as linhas gerais que orientaram o desenvolvimento do presente trabalho.

Metodologia

A metodologia empregada no desenvolvimento do trabalho constituiu-se, basicamente, em uma pesquisa bibliográfica sobre o tema proposto, o que compreendeu a leitura e análise de obras relacionadas

DIREITO, ÉTICA E BIOSSEGURANÇA 25

ao assunto, revistas de divulgação científica, matérias e artigos de jornais, textos legais e material em meio eletrônico.

Quanto à abordagem, foram utilizados os métodos dedutivo (na análise do material bibliográfico), indutivo (na elaboração das conclusões finais da pesquisa) e dialético (no confronto entre as diversas teses e teorias vislumbradas na pesquisa bibliográfica, bem como no confronto dos dados teóricos e da legislação com a realidade social, buscando-se abarcar a complexidade de fatores sociais, econômicos, políticos, culturais, ideológicos, religiosos, éticos e jurídicos que o objeto de estudo encerra), sob uma perspectiva crítica (tanto em relação aos mitos criados pela teoria científica moderna, especialmente o mito da neutralidade da ciência, como em relação a nossas próprias conclusões, deixando-as sempre em aberto, passíveis de reformulações – autocrítica – o que, aliás, é inerente ao método dialético).

PARTE I

BIOÉTICA E BIODIREITO

1
ÉTICA E MORAL

Ética e moral: situando a questão

O homem, como ser social e político, apresenta-se inserido numa rede de relações sociais, na qual figura como indivíduo que, na construção existencial de seu próprio ser e do mundo que o cerca, se defronta com mediações que o vinculam quer a outros indivíduos quer a toda sociedade. A existência do corpo social é intermediada por normas de conduta de diferentes níveis e conotações axiológicas, às quais correspondem distintas formas de comportamento humano, ou melhor dizendo, sob o prisma das quais o comportamento humano pode ser avaliado em aspectos distintos, ora ressaltando-se uma dimensão ora outra. E, segundo se tem conhecimento, pelo menos duas formas de comportamento sempre estiveram presentes nas comunidades humanas, desde as mais primitivas: o comportamento jurídico e o comportamento moral. Direito e moral são instâncias que acompanham o homem desde as suas mais remotas origens, não se tendo mesmo notícia de comunidade humana que não tenha desenvolvido, por mais rudimentar que fosse, algum sistema jurídico e algum sistema moral.

É, pois, fato que o homem, vivendo em sociedade, se comporta ética e moralmente, isto é, produz certas ações que, pelas conseqüências que geram para os outros, são suscetíveis de apreciação do ponto de vista de sua correção ou incorreção, de sua justiça ou injustiça, numa palavra, de sua bondade ou maldade. Nesse sentido, a moral é um fato que sempre acompanhou e acompanhará o homem.

A par dessa existência fática, é da tradição do pensamento ocidental a distinção entre ética e moral. Desde a Antiguidade clássica greco-romana, com Sócrates, Platão e Aristóteles, passando por Santo Agostinho e Santo Tomás de Aquino, mais tarde por Immanuel Kant, até chegar a Jürgen Habermas, Karl-Otto Apel, Enrique Dussel, a reflexão filosófica tem feito referência à ética e à moral como instâncias distintas, embora sem se chegar a um entendimento uníssono sobre o que seria uma e outra, não raras vezes tomando-se por moral o que segundo alguns seria ética e vice-versa, e tudo indicando que a querela não parece ter solução próxima.

Apesar, contudo, das dificuldades que o tema sinaliza, uma compreensão mínima dos termos ética e moral parece necessária em um trabalho que se insere e pretende refletir no campo da chamada bioética. Desse modo, sem a pretensão de encerrar o assunto, menos ainda de fechar um conceito rígido e inflexível acerca do que seriam ética e moral, mister se faz estabelecer alguns parâmetros para as posteriores reflexões no âmbito da bioética. Para isso, será necessário situar primeiramente a questão, analisando em que termos a ética e a moral foram pensadas até o momento.

Assim, parece haver uma tendência no sentido de entender-se a moral como uma forma específica de comportamento humano, uma prática concreta, efetiva; portanto, uma realidade da dimensão do "ser", aquilo que "é". Já com relação à ética, as divergências têm sido maiores, havendo referências à ética como um ramo da filosofia, uma ciência, um fato social – portanto, "ser" – e, ainda, um conjunto de normas de conduta – "dever ser".

Em sua raiz etimológica, ética vem de *ethos*, que é termo de origem grega, enquanto moral vem de *mores*, termo de origem latina, que em suas origens significava costumes, usos, hábitos, tradições. Percebe-se, pois, que até mesmo por sua origem etimológica, a moral sempre esteve relacionada a uma forma de comportamento humano, vale dizer,

DIREITO, ÉTICA E BIOSSEGURANÇA 31

a práticas humanas concretas. Por sua vez, a ética (*ethos*) é termo que, já entre os gregos, veio adquirindo sentido de princípios, motivações últimas, valores fundantes das práticas humanas efetivas. Assim, "os gregos chamavam tanto os princípios inspiradores e as pessoas, cujo caráter era moldado por eles, de *ethos* [que] é então sinônimo de ética no sentido que demos acima: o conjunto ordenado dos princípios, valores e das motivações últimas das práticas humanas, pessoais e sociais" (Boff, 2003, p.39).

A questão, no entanto, não é mesmo de fácil deslinde, sobretudo se se considerar a grande "aventura intelectual" (idem, p.42) em que o debate ético foi lançado logo a partir dos "primeiros" grandes filósofos – Sócrates, Platão, Aristóteles – até chegar ao momento presente, o qual não dá sinais de que colocará fim a essa odisséia do pensamento ético-filosófico. Deveras, desde o momento em que se inaugurou o pensar racional em torno da questão ética e moral, diversas doutrinas éticas vêm disputando a primazia para melhor estabelecer os valores e os princípios que devem orientar a conduta humana moral e, subjacente a essa questão, de forma expressa ou implícita, para melhor distinguir a ética e a moral. É mesmo intrigante perceber como que, há cerca de dois milênios, o pensamento ético-filosófico se encontra às voltas com a mesma preocupação de tentar estabelecer qual o campo de incidência e de vinculação da ética, e quais suas relações com a moral.

A respeito, em primeiras linhas, é curioso notar que a ética surge como um campo de reflexão inserido no vasto campo da filosofia, de onde, aliás, se desmembrou a quase totalidade dos saberes hoje reconhecida, incluindo a ciência. Muito natural, portanto, que também a ética, em seus primórdios, se encontrasse vinculada à filosofia. Assim, quase que sem dissensos, foi compreendida a ética entre os filósofos da Antiguidade clássica.

A vinculação da ética à filosofia, no entanto, embora plenamente justificada no início, hoje já não se afirma como um entendimento estreme de objeções. Vázquez (2000, p.26-7), por exemplo, é enfático ao defender que, nos tempos modernos, uma vez lançadas as bases do conhecimento científico, e na medida em que a abordagem científica se estende cada vez mais a novos setores da realidade, incluindo a

32 JULIANA ARAÚJO LEMOS DA SILVA MACHADO

realidade social do homem, não mais se justificam as concepções que vêem na ética um simples capítulo da filosofia, e, mais do que isso, que negam a ela o potencial para um conhecimento verdadeiramente científico da realidade moral do homem.

Em verdade, esse ponto de vista baseia-se na percepção, de certa forma pós-moderna, de que o que caracteriza a ciência não é o objeto do conhecimento em si, como se existissem certas facetas da realidade "naturalmente" científicas, isto é, especialmente passíveis de um conhecimento verdadeiramente científico. Superando o conceito positivista de ciência, percebe-se que o que distingue o conhecimento científico é a forma de abordagem do objeto, ou seja, o prisma pelo qual esse é analisado; mais precisamente, o que distingue o conhecimento científico é o método de conhecimento e os problemas por meio dele colocados e submetidos a uma tentativa de solução. Sob esse ponto de vista, não é o objeto em si que determina a cientificidade ou não de determinado conhecimento sobre ele produzido e, além disso, tem-se que qualquer realidade é passível de um conhecimento de natureza científica, desde que submetida a uma determinada abordagem (científica).

Daí se considerar, como o faz Vázquez (2000), que também o comportamento moral do homem pode ser submetido a um conhecimento de teor científico, rejeitando-se aquelas visões que, alegando o caráter axiológico e intencional dos atos morais, simplesmente excluem essa faceta da realidade do campo das ciências.

De fato, o filósofo mexicano é mesmo representativo das recentes correntes que vêem na ética um campo específico da ciência, cujo objeto seria exatamente o comportamento moral do homem. Daí a afirmação de Vázquez (2000, p.23): "A ética é a teoria ou ciência do comportamento moral dos homens em sociedade. Ou seja, é ciência de uma forma específica de comportamento humano". Como ciência, a ética estaria voltada para a compreensão e explicação do comportamento moral do homem em geral, ou seja, em sua "totalidade, diversidade e variedade", e não para a explicação de uma dada moral histórica. Desse modo, não caberia à ética, em nome de uma pretensa moral universal e absoluta, formular juízos de valor sobre as morais efetivas, isto é, julgar a correção ou incorreção dos sistemas morais que concretamente têm vigorado

DIREITO, ÉTICA E BIOSSEGURANÇA 33

nas diversas sociedades, em diversas épocas. Antes, caberia a ela tentar compreender a razão dessas diferenças verificadas entre as morais efetivas (idem, p.21). Também não seria função da ética, como não o é de nenhuma ciência, prescrever normas de conduta para as ações morais dos homens, mas sim tentar explicar a razão de, num dado sistema moral, vigorarem aquelas e não outras normas morais, de modo que as normas morais, assim como os atos e os juízos morais, seriam, isto sim, objeto de estudo da ética. A função fundamental da ética seria a mesma de toda ciência: "explicar, esclarecer ou investigar uma determinada realidade, elaborando os conceitos correspondentes" (idem, p.20).

Importante notar que, nessa concepção científica da ética, a moral é vista não apenas como uma prática concreta, efetiva, mas também como o conjunto de normas que regulam as relações morais entre os indivíduos e entre esses e a sociedade. Assim, a moral revelar-se-ia em dois planos: o normativo (como conjunto de normas ou plano do "dever ser") e o fatual (como atos humanos que se realizam concretamente ou plano do "ser"), abrangendo, portanto, o campo dos princípios, valores e normas, tradicionalmente vinculados não à moral, mas à ética, posto que essa, desde a origem de sua reflexão filosófica, esteve colocada em termos de generalidade, de problemas transcendentes, de natureza principiológica e axiológica, ao passo que a moral se apresentava circunscrita ao campo das decisões concretas.

Essa moral "ampla", que abrange princípios, valores, normas e atos humanos concretos, é, pois, transformada em objeto de estudo de uma ciência específica, a ética. Essa, por sua vez, é subtraída do espaço do mundo vivido, posto que vai agora constituir um campo teórico de investigação de parcela do mundo vivido, o mundo moral. Assim, a ética passa da esfera do real (o vivido) para a esfera do puramente teórico (ainda que hoje se possa dizer que também o teórico é vivido). E isso, de certa forma, como afirma Saldanha (1998, p.6), acaba acarretando uma neutralização ou esterilização do termo ética; ou, como diz o autor,

semelhante concepção esvazia o termo *ética* de seu grosso conteúdo humano e o encaminha para escolasticismos estéreis. Somente com a permanência desse conteúdo, e com a alusão às raízes etimológicas, entenderemos a ética como *realidade*, que é por um lado consciência normativa (e axiológica) e por outro experiência situada. (grifo do autor)

O professor de Pernambuco entende mesmo ser um equívoco considerar a ética como "ciência da moral", insistindo no caráter histórico não só da moral, como também da ética. Essa, então, é entendida, tal qual a moral, como parte do mundo vivido; portanto, como realidade, e *realidade histórica*. Saldanha (1998, p.8) ressalta a historicidade da ética, destacando que essa se manifesta como *experiência* situada, contextualizada, e que só mesmo em termos conceituais ética e moral podem ser concebidas de um ponto de vista genérico.

Na perspectiva histórica de Saldanha (idem, p.9), a ética abrange tanto o plano dos "ideais de comportamento" quanto o plano de "relações entre aqueles ideais de comportamento e a avaliação efetiva dos comportamentos ocorridos", restando à moral o plano mesmo dos comportamentos ocorridos, isto é, os atos humanos como atos morais.

Certamente, o grande mérito das concepções históricas da ética – das quais Saldanha é, entre nós, talvez o maior de seus expoentes – foi o de revelar que também princípios, normas e valores éticos integram a realidade histórica do homem, apresentando-se como experiência situada, que se dá em contextos concretos, sofrendo, em conseqüência, as influências espaçotemporais da situacionalidade do ser humano.

Deveras, na tradição filosófica herdada da Antiguidade clássica, e de certo modo perpetuada no pensamento medieval e até mesmo no pensamento moderno, normas, princípios e valores éticos foram sempre concebidos como instância apartada do mundo vivido, como que pairando *sobre* a experiência concreta dos homens, constituindo um *dado* oriundo de um mundo natural, divino ou transcendental/metafísico. A propósito, importante anotar, com Saldanha (idem, p.5, 8 e 22), que no plano do pensamento filosófico, a ética foi por muito tempo uma temática não-histórica, como aliás sói acontecer com a filosofia em geral, em que a percepção dos condicionamentos históricos é sempre algo tardio na evolução das idéias. Segundo o autor, apenas para falar do chamado pensamento "ocidental", é curioso notar que,

DIREITO, ÉTICA E BIOSSEGURANÇA 35

somente nos séculos XIX e XX, os pensadores atinaram com o caráter histórico dos problemas éticos e, em termos de pensamento moderno, coube a Marx e a Nietzsche dar o pontapé inicial para a compreensão histórica da temática ética e moral.

Especialmente com relação à dimensão normativa da ética, ou seja, às normas que regulam o comportamento moral do indivíduo, percebe-se mesmo uma forte inclinação, mesmo entre os pensadores modernos e contemporâneos, para se considerar essa normatividade como algo apartado da realidade, como um puro "dever ser" que serve para regular o "ser". Aliás, essa perspectiva de certa forma se faz presente em todas as áreas do pensamento que refletem sobre as normas de comportamento humano, como é o caso do direito. As normas jurídicas, reduzidas basicamente à lei estatal pelo paradigma positivista dominante, são freqüentemente concebidas como uma instância desconectada da realidade histórica, existindo como algo *dado* – não construído – e por isso mesmo tidas como verdades absolutas e inquestionáveis, às quais o jurista deveria uma obediência cega.

Assim, tais normas, éticas e jurídicas, estariam num plano – plano do "dever ser" – totalmente distinto do plano da realidade – plano do "ser", por tal motivo só podendo ser afirmadas dogmaticamente. De fato, seja com relação à ética seja com relação ao direito ou qualquer outro campo do saber, toda afirmação que não tenha uma base de sustentação assentada na realidade necessita, para se justificar, de recorrer aos dogmas, isto é, de afirmar "verdades" como sendo únicas, absolutas e inquestionáveis, impondo-se a "crença" nessas verdades "reveladas".

A consciência histórica, no entanto, faz ver que as normas de comportamento – ainda que representem, por serem normas, um "ideal" de comportamento, portanto, aquilo que não necessariamente "é" –, porque são produzidas pelo homem, porque integram o conjunto de sua obra e, então, têm uma existência efetiva e histórica, não sendo algo extramundano, são, em certa medida, também da dimensão do "ser". A norma, seja ética seja jurídica ou de outra natureza, também integra a realidade, portanto o plano do "ser".

A desvinculação entre ética e mundo vivido permitiu que, na concepção tradicional, normas, princípios e valores éticos fossem concebidos de forma universal, absoluta, apriorística, a-histórica. Superando essa visão metafísica, a ética passa a ser vista como algo *construído* pelo homem, como ser histórico e político, e não mais, portanto, como algo eterno, imutável, absoluto. A percepção da historicidade das normas, dos princípios e dos valores éticos coloca, então, a ética no vasto campo das obras humanas, como produção consciente e livre de um ser que se manifesta existencialmente como "ser-no-mundo" (Oliveira, 1995, p.62), porque inserido em contextos (espaço-tempo sociais) concretos.

O fato é que, com a introdução de elementos históricos na reflexão ética, passa-se a ter a consciência de que os valores éticos, como o "bom" – valor ético fundamental –, não podem ser afirmados desprezando-se a realidade histórica humana, ou, numa palavra, desprezando-se a história, no seio da qual o homem – ou, precisamente, o indivíduo como sujeito ético e moral – realiza sua experiência existencial de vida, produzindo concretamente as configurações que vão constituir ele próprio como pessoa, sujeito atuante, bem como o mundo que o cerca. É na história – e só nela, posto que não há existência humana que se dê fora dela – que o homem transforma o mundo natural e produz um mundo a sua maneira, um mundo humano, cultural, no qual se insere também o mundo ético. Não há, pois, como se conceber a ética senão dentro da história, como experiência situada e condicionada – embora não "determinada" – pelas contingências reais que envolvem o existir do ser humano, por isso mesmo entendido como "ser-no-mundo".

Então, a conseqüência lógica imediata que decorre dessa concepção histórica da ética é que, pelo menos em princípio, não podem existir valores, princípios e normas universais, válidos em qualquer lugar e tempo, já que, sendo a ética uma experiência histórica, esses valores, princípios e normas só podem ter validade dentro de contextos determinados e, sob esse prima, seriam sempre "relativos".

O tema é árduo e será aprofundado mais à frente; porém, apenas para situar minimamente a questão, poder-se-ia considerar que, de fato, não há princípio, norma ou valor éticos que possam ser afirmados de uma maneira puramente universal e sem nenhuma conexão com a realidade histórica situada. No entanto, talvez seja possível pensar

DIREITO, ÉTICA E BIOSSEGURANÇA 37

numa ética se não universal, pelo menos planetária, desde que estabelecido, e pressuposto, algum ponto de vinculação entre a humanidade inteira, e desde que esse ponto tenha uma conexão com a realidade histórica dessa mesma humanidade. Isso, como será visto, no atual estágio em que se encontra a comunidade humana, e dados alguns problemas que se lhe apresentam comuns, parece mesmo possível.

Ética e moral: um entendimento

Como já ressaltado, não se pretende estabelecer de forma rigorosa os conceitos de ética e moral, de molde a colocar um ponto final na questão – talvez não seja mesmo possível nem desejável tal rigorismo, haja vista a diversidade de abordagens que o tema vem suscitando entre filósofos de insuspeita competência. No entanto, como condição para o próprio desenvolvimento ulterior deste trabalho, necessário se faz estabelecer alguns parâmetros sobre a temática em questão.

A respeito, parece que pode ser de grande valia o conhecimento já acumulado na seara do direito, haja vista a íntima relação existente entre direito e ética, dentre outros aspectos, pelo fato de ambos se apresentarem como campos de reflexão voltados para a dimensão normativa do comportamento humano.

Seria proveitoso e oportuno, portanto, começar por uma breve referência ao que se tem entendido por "direito". O vocábulo "direito" é polissêmico, tendo servido para designar, a um só tempo, o conjunto de normas jurídicas que regulam o comportamento humano bem como esse próprio comportamento, e também o ramo da ciência que o estuda e a parte da filosofia que reflete sobre aquele comportamento e sobre o conhecimento científico dele. "Direito", portanto, significa, primeiramente, uma forma específica de comportamento humano – o comportamento jurídico, e sob esse prisma refere-se a um fato: os homens agem juridicamente, relacionam-se estabelecendo entre si conexões de direitos e obrigações. A par desse comportamento efetivo, que se manifesta no plano do "ser", existe um conjunto de normas que se destinam a regular esse comportamento e que constituem o plano do

38 JULIANA ARAÚJO LEMOS DA SILVA MACHADO

"dever ser", o qual também tem sido designado "direito". Outrossim, essa realidade jurídica – constituída tanto pela prática jurídica efetiva quanto pela normatividade jurídica – é objeto de estudo de um ramo específico da ciência, qual seja, a ciência do direito, ou simplesmente o "direito". Por fim, também a filosofia tem se preocupado com as questões jurídicas, refletindo tanto sobre a essência daquela forma específica de comportamento humano (ontologia jurídica) quanto sobre a ciência que o estuda (epistemologia jurídica), e, como ramo específico da filosofia, também tem sido indiscriminadamente denominado "direito".

Com relação à ética e à moral, a questão pode ser pensada em termos semelhantes.

É indiscutível que existe, concretamente, uma forma específica de comportamento humano a que se tem denominado "moral". Como já ressaltado anteriormente, não se tem mesmo conhecimento de comunidade humana que não tenha desenvolvido algum sistema moral e na qual as relações entre os indivíduos e entre esses e o corpo social não tenham apresentado alguma dimensão moral, isto é, passível de avaliação do ponto de vista de sua bondade ou maldade. É, pois, fato que o homem, quando em sociedade, age moralmente; existe efetivamente uma prática humana moral que se apresenta no plano do "ser". Entretanto, também é fato que esse comportamento humano moral é regulado, orientado e valorado por certas normas de comportamento ("dever ser"), que se assentam sobre princípios e valores socialmente estabelecidos, e que – ressalvando por ora as divergências existentes – no seu conjunto constituem o que se tem denominado "ética". Além disso, existe uma reflexão filosófica específica – tão antiga quanto a própria filosofia – que se debruça sobre os problemas ético-morais e que também se lança numa busca pela própria essência da ética e da moral como realidades humanas (uma espécie de "ontologia" ética e moral) e que, não obstante, também tem sido, por muitos pensadores, denominada pura e simplesmente "ética". Por fim, segundo postula uma recente corrente do pensamento filosófico, a realidade humana moral também seria passível de conhecimento sob um prisma científico, quando então o termo "ética" passa a designar a própria "ciência da moral".

DIREITO, ÉTICA E BIOSSEGURANÇA 39

Desse modo, no campo ético-moral, é fato constatável que existe uma prática humana efetiva (moral) que é valorada e orientada por normas, princípios e valores (ética), e que também existe uma reflexão filosófica acerca dessa realidade ético-moral, a qual, segundo se tem entendido atualmente, também pode ser objeto de um conhecimento de natureza científica. Deve-se ter claro, portanto, que um aspecto a considerar é a realidade ético-moral, outro aspecto é a reflexão filosófica e o conhecimento científico produzidos sobre aquela realidade.

Não se há, pois, de excluir, *a priori*, nenhuma das concepções mencionadas no tópico anterior quanto à ética e à moral. Especificamente com relação à ética, há que ter em mente que o vocábulo em questão também é polissêmico, tendo servido para designar, a um só tempo, a realidade ético-moral humana (atos morais, normas, princípios e valores éticos), bem como o ramo da filosofia que com ela se preocupa e, ainda, a disciplina científica que a estuda. Encarando-se a questão desse ângulo, parece que muitas das divergências conceituais dantes enunciadas com relação à ética podem, finalmente, ser conciliadas. Deveras, como antes ressaltado, a ética vem sendo entendida ora como um ramo da filosofia ora como um ramo da ciência, outras vezes como um fato social e, outras vezes ainda, como um conjunto de normas de conduta, princípios e valores. Essas concepções, no entanto, não se excluem reciprocamente. Quanto à moral, embora em certas concepções o termo apareça com sentido ampliado, incluindo o campo das normas, princípios e valores, essa tem sido entendida quase sempre como uma forma específica de comportamento humano; portanto, como prática humana efetiva.

Retomando aquele paralelo com o direito, constata-se, então, que direito e ética são vocábulos que têm sido usados para designar tanto um ramo da filosofia quanto um ramo da ciência, e também um conjunto de normas de comportamento. Porém, na seara jurídica, o mesmo termo ("direito") serve para exprimir tanto a dimensão normativo-axiológica quanto a dimensão da prática jurídica efetiva, ao passo que no campo ético-moral, aquela dimensão normativo-axiológica tem sido freqüentemente denominada "ética", enquanto a dimensão da prática efetiva tem sido chamada "moral".

40 JULIANA ARAÚJO LEMOS DA SILVA MACHADO

Para os intentos do presente trabalho, procurar-se-á não usar de forma indiscriminada os mesmos termos para designar objetos distintos, com isso buscando-se evitar equívocos ou confusões na explanação das idéias. Seguem, portanto, algumas conclusões a respeito do assunto.

1. Entende-se por "ética" o conjunto de princípios, valores e normas que orientam a conduta moral do homem. A ética, portanto, representa uma *realidade* de ordem axiológica, principiológica e normativa e, nesse sentido, situa-se na dimensão daquilo que não necessariamente "é" no plano das condutas humanas concretas, mas daquilo que "deve ser".

Fala-se em "princípios", "valores" e "normas" éticos, e parece de certo modo evidente que essas três instâncias se relacionam reciprocamente e, mais precisamente, que princípios e normas gravitam em torno de valores. De fato, qualquer norma ou princípio ético se assenta sobre um determinado valor ético, que lhes dá preenchimento. Assim, normas e princípios éticos encarnam valores éticos. Nesse sentido, a norma que preceitua "deves respeitar as pessoas idosas" tem subjacente que o respeito pelos mais velhos é um *valor* a ser cultivado, ou mais precisamente, que é *bom* que se respeitem as pessoas idosas.

Como bem anotado por Vázquez (2000, p.137-8), o valor ético é apenas uma das espécies de valor, ao lado, por exemplo, do valor estético, do valor prático-utilitário, do valor econômico etc. E o valor ético fundamental é a bondade (ou o bom) (idem, p.153).[1] Assim, tendo como vetor axiológico o bom, as normas e princípios éticos traçam regras de conduta para o homem segundo aquilo que se entende seja uma conduta "boa"; por sua vez, o homem, quando age moralmente, pretende que seu ato seja uma realização do "bom". O bom, portanto, é o valor ético central, em torno do qual circundam outros valores que também podem exprimir uma conotação ética (amizade, companheirismo, solidariedade etc.).

---

[1] Importante anotar que o autor citado fala em valor "moral" (não valor "ético"), pelo fato de considerar que normas, princípios e valores, assim como os atos humanos concretos, integram a moral, ao passo que a ética seria a ciência que os estuda.

DIREITO, ÉTICA E BIOSSEGURANÇA 41

2. A "moral", por seu turno, constitui-se especificamente pelos atos humanos concretos, os quais são orientados por aqueles princípios, valores e normas éticos. A moral é, pois, uma forma específica de comportamento humano, e um comportamento que aspira à bondade – valor ético fundamental. Os atos humanos morais pretendem ser uma realização do bom – daquele bom internalizado nas normas de conduta vigentes em uma dada sociedade. Nesse sentido é que se pode afirmar que a moral se situa na dimensão do "ser", porque é ato humano concreto, que se orienta por um sistema de princípios, normas e valores éticos, mas que não necessariamente os realiza. A prática moral concreta dos indivíduos pode divergir das normas e dos princípios éticos vigentes; é uma questão de adequação ou não. Se há adequação, fala-se em um ato moralmente positivo; se não há, tem-se um ato moralmente negativo, porque não realiza aquele ideal de comportamento.

De fato, os homens tendem a se comportar de acordo com o sistema ético dominante na sociedade da qual fazem parte. A escolha entre uma ou mais condutas possíveis freqüentemente é feita levando-se em conta aqueles princípios, valores e normas éticos prevalecentes. Claro que, com isso, não se há de imaginar um determinismo no qual os homens seriam levados a agir de maneira preestabelecida por valores e regras socialmente definidos. A liberdade é sempre uma constante no agir humano e, de forma peculiar, em seu agir moral, ainda que se corra o risco de, agindo em desconformidade com o código ético vigorante, sofrer uma reprovação por conta desse "desvio" de conduta. O fato é que o homem, apesar de essencialmente livre, se vê diante da circunstância de estar "jogado" numa rede de relações e condições sociais que ele não escolheu e que, entretanto, ainda assim lhe impõe a inafastável tarefa de, por suas ações, configurar de modo original e com total responsabilidade seu próprio ser e o mundo que o cerca.

O que confere o distintivo de "moral" a um dado comportamento humano é precisamente o fato de esse comportamento trazer conseqüências para outros indivíduos, ou até para a sociedade inteira, aliado ao fato de que o homem, como sujeito moral, é responsável por tais conseqüências, porque age livremente.

3. Assume-se neste trabalho uma concepção histórica tanto da ética quanto da moral. Uma e outra, por se constituírem em manifestações do homem em sociedade, portanto, autênticos fenômenos sociais, são também autênticos fenômenos históricos, que se manifestam de maneira dinâmica no plano concreto da história, se apresentando, tal qual o próprio homem, inseridas em contextos determinados, sofrendo as influências espaçotemporais dos meios em que se manifestam. Isso quer dizer que nem a ética nem muito menos a moral são instâncias apartadas do mundo vivido, como se fossem dotadas de uma natureza universal, eterna, imutável e, portanto, sobre-humana. Ética e moral são, ambas, *concretas*, no sentido de que se apresentam imersas no curso da história e, porque são *realidades humanas*, manifestam-se como emanações reais desse ser que age, transforma, constrói e desconstrói o mundo com essencial liberdade; ética e moral são, pois, obras humanas.

Como conseqüência dessa visão histórica da ética e da moral, decorrem outras conclusões, a saber:

3.1. O "bom", como valor ético fundamental, é estabelecido historicamente pela sociedade, que também estabelece, de acordo com o que se entende por "bom", os princípios e normas éticos. O bom, como qualquer outro valor, não existe por si, num mundo à parte da experiência humana concreta, nem é simplesmente "deduzido" ou "captado" pelo homem daquilo que seria eterno, imutável, absoluto e incondicionado. "É o homem – como ser histórico-social e com a sua atividade prática – que cria os valores e os bens nos quais se encarnam..." (Vázquez, 2000, p.146).

É interessante perceber que, no campo da reflexão filosófica, as diversas doutrinas éticas vêm procurando, desde os tempos mais remotos, estabelecer o que deve ser considerado "bom" do ponto de vista ético, e que, freqüentemente, essas diversas correntes filosóficas acabam por desempenhar a função de justificação e legitimação de um dado bom vigente em uma dada sociedade. Assim, o bom, historicamente construído pelas éticas concretas, tende a ser apresentado como um valor universalmente válido, independentemente das circunstâncias.

DIREITO, ÉTICA E BIOSSEGURANÇA 43

Em verdade, essas concepções nada mais fazem que elevar à categoria de universal aquilo que é concreto, situado, contextualizado, e que como tal tem uma validade relativa – para uma determinada sociedade, num determinado momento. Aliás, como se verá adiante, a maioria das doutrinas éticas até hoje formuladas nada mais fez do que justificar e legitimar um dado bom concreto e situado, expressão dos interesses de um grupo ou classe social dominante, apresentando-o como sendo o bom por excelência, válido de forma universal e absoluta.

3.2. Ética e moral, no plano concreto da história, relacionam-se e condicionam-se reciprocamente. Como conjunto de princípios, normas e valores, a ética orienta a prática moral do homem, vale dizer, o homem age moralmente guiado por aquilo que em dado tempo e em dado lugar vigora como sendo o bom do ponto de vista ético. Tanto os atos morais considerados em si mesmos – e convém adiantar que tais atos envolvem opção e decisão – quanto a avaliação que deles se faz são guiados pelas regras e valores éticos vigentes numa dada sociedade, fundamentalmente, pelo que se entende como sendo bom. Ainda que os atos morais singulares, praticados pelos indivíduos em situações concretas, possam dissentir do sistema ético vigente e dominante, é importante considerar que o pano de fundo da atuação moral será sempre aquele conjunto de princípios, valores e normas socialmente estabelecido, porque o homem, ainda que individualmente considerado, não age no vácuo, mas sim sofrendo as influências do meio em que se situa, até porque a avaliação social de certo ato humano moral se dará com base naquele sistema ético vigorante, para julgá-lo moralmente positivo ou moralmente negativo.

Por sua vez, a prática moral efetiva também pode influenciar a ética. Aquilo que o homem produz no plano de sua prática cotidiana tanto pode servir para confirmar princípios, valores e normas éticos estabelecidos, quanto para subvertê-los, transformá-los, especialmente se essa atuação moral efetiva se dá na contramão do sistema ético vigente. Assim, não se há de desprezar, por exemplo, nas sociedades capitalistas neoliberais, em que vigora um sistema ético baseado no princípio do maior lucro e da maior acumulação de riqueza possíveis, o poder de transformação que possa ter uma prática moral marginal, baseada na solidariedade e forjada na "periferia" desse sistema ético vigente, na medida em que nega todo o conteúdo axiológico daquela ética dominante e propõe uma alternativa a ela.

3.3. Como fenômeno histórico, a ética varia de sociedade para sociedade e, aliás, pode variar dentro de uma mesma sociedade. É que tais valores e regras de comportamento são estabelecidos de acordo com certas necessidades sociais e, quase sempre, expressam interesses determinados de camadas sociais também determinadas, cumprindo, assim, uma *função social*, que consiste em "regular as ações dos indivíduos nas suas relações mútuas, ou as do indivíduo com a comunidade, visando a preservar a sociedade no seu conjunto ou, no seio dela, a integridade de um grupo social" (Vázquez, 2000, p.69).

Assim, os indivíduos agem moralmente de acordo com um sistema ético estabelecido pela sociedade segundo os interesses nela dominantes. O fato de, em determinadas sociedades, vigorar certo conjunto de princípios, valores e normas éticos distintos dos vigentes em outra sociedade explica-se precisamente pela função social que a ética desempenha, ou seja, pelo fato de que as éticas efetivas são determinadas com vistas ao atendimento de certos fins, não sendo, portanto, algo dado, mas construído. Nesse sentido, isto é, dos fins a que serve e da sociedade na qual vigora, é que se pode falar numa "ética burguesa", numa "ética capitalista", numa "ética socialista", enfim.

Por essa mesma razão, a dos fins e interesses a que serve a ética, é que numa mesma sociedade é possível a existência concomitante de diversos sistemas éticos. Ora, a existência de uma ética dominante, representativa dos interesses das classes ou grupos sociais dominantes, não exclui a existência de sistemas éticos marginais e paralelos, representativos dos interesses de classes ou grupos sociais distintos e, por vezes, antagônicos. É possível, pois, falar-se num verdadeiro *pluralismo ético*, entendido como a vigência concomitante, numa mesma sociedade, de princípios, valores e normas éticos diferenciados conforme os interesses das diversas camadas sociais existentes. Assim, numa sociedade capitalista, dividida em classes e com enorme desigualdade social, é

DIREITO, ÉTICA E BIOSSEGURANÇA 45

perfeitamente possível e até provável que, além da ética dominante, na qual vigora o princípio do lucro máximo e da competitividade, exista uma ética marginal, vigente entre as camadas socialmente excluídas, na qual impere como princípio ético fundamental a solidariedade.

Diante das conclusões expostas, fica ainda latente uma última pergunta, de crucial importância: em que pese o caráter histórico da ética, será possível a construção de uma ética universal, válida para todos os homens, em todos os tempos e lugares? Existem princípios, normas e valores que possam adquirir validade universal?

Já se afirmou que os princípios e normas éticos exprimem a opção por determinados valores éticos, de modo que os sistemas éticos têm como eixo de gravitação precisamente os valores. Então, num esforço de simplificação, o questionamento acima colocado pode ser assim apresentado: existem valores universais, independentes das condições espaçotemporais concretas?

De fato, o problema de saber se é possível a construção de uma ética universal implica o problema de saber se existem valores universais, com validade independente das circunstâncias sócio-históricas situadas; ou se, ao contrário, os valores são sempre contextualizados e relativos, isto é, valem em um determinado espaço-tempo específico.

Para situar a questão, válidas são as reflexões tecidas nesse campo por Jürgen Habermas, Karl-Otto Apel e, entre nós, Antônio Carlos Wolkmer. De um lado, tem-se Habermas e Apel que, buscando uma saída para a crise da ética moderna, propõem uma ética universalista, pautada por valores aplicáveis ao conjunto da humanidade, constituindo-se, assim, em uma ética de "validade universal intersubjetiva e independente das circunstâncias" (apud Wolkmer, 1994, p.236). Essa ética "universal" (segundo Habermas) ou "transcendental" (segundo Apel) estaria fundada em valores como vida, liberdade, justiça, presentes em qualquer situação histórica ou experiência cultural (apud Wolkmer, 1994, p.236 e 239). De outro lado, encontra-se o professor da Universidade Federal de Santa Catarina (Wolkmer, 1994, p.239-41), o qual propõe uma ética que, sem deixar de contemplar princípios racionais comuns a toda a humanidade, priorize certos valores especí-

46 JULIANA ARAÚJO LEMOS DA SILVA MACHADO

ficos de espaços regionais periféricos, como emancipação, autonomia e satisfação das necessidades humanas fundamentais.

Percebe-se, pois, em Wolkmer, a proposta de uma ética histórica, contextualizada, adequada às condições materiais das sociedades do capitalismo periférico, cujo cenário é composto por sujeitos alienados, espoliados e desiguais. A proposta certamente se baseia na compreensão da dificuldade e até inadequação de se eleger, de modo exclusivo e absoluto, como critério ético, valores que possam expressar, a um só tempo, realidades tão díspares como o são a realidade das nações centrais do capitalismo e a realidade das nações do capitalismo periférico. Nessa perspectiva, ainda que não se considere de todo impossível, pelo menos em princípio, identificar certos valores universais, que devessem estar presentes em qualquer tempo e lugar, como vida, integridade física, liberdade, direitos humanos, pacifismo etc., considera-se prioritária e essencial a busca, em cada contexto histórico, dos valores específicos do grupo social considerado, levando-se em conta seus anseios, interesses e necessidades, que são sempre particulares e não gerais.

Importa, portanto, seguindo o entendimento do mestre de Santa Catarina, considerar que, conforme o tempo e o lugar, determinados valores sobrepõem-se a outros, ou seja, que os valores variam de um lugar para outro e, num mesmo local, de uma época para outra. Assim é que nos países desenvolvidos, onde os direitos civis, políticos e sociais básicos já foram (e continuam) satisfatoriamente institucionalizados e efetivados, a prioridade tem se voltado para novos valores (tais como proteção ao meio ambiente, respeito às minorias, desarmamento, proteção genética etc.), correspondentes a novos direitos (direitos de terceira geração ou, como já pensam alguns, até de quarta geração). Percebe-se, porém, que nos países subdesenvolvidos, como o Brasil, a luta ainda é travada em torno de direitos civis, políticos e sociais (direitos de primeira e segunda gerações), essencialmente em torno de direitos humanos básicos, isto é, direitos relacionados às necessidades de sobrevivência e de vida digna. Esse fato, por si só, cria a necessidade social de priorização de valores tais como inclusão social, emancipação, satisfação de necessidades básicas, igualdade, justiça social, enfim, valores tendentes a subverter esse cenário de exclusão e alienação.

DIREITO, ÉTICA E BIOSSEGURANÇA 47

Assim, numa tentativa de solução conciliatória da questão, aproveitando-se as idéias centrais de Apel, Habermas e Wolkmer, poder-se-ia concluir que, ao lado de valores universais, existem valores particulares de cada sociedade, os quais não podem e não devem ser desprezados quando se pensa na possibilidade de construção de uma ética universal. Especialmente quando se considera que a viabilização de uma ética verdadeiramente universal tem como pressuposto a superação dos antagonismos de classe, camadas e grupos sociais, e, numa sociedade capitalista, a superação da desigualdade social que exclui e marginaliza, torna-se imprescindível, por exemplo, privilegiar os valores de sociedades periféricas relacionados aos direitos básicos do homem (acesso à terra, à moradia, à alimentação, à saúde, ao trabalho, à educação, enfim, à justiça e à igualdade sociais).

Nessa perspectiva, uma ética universal, pautada por valores universais, seria possível, desde que respeitados os valores específicos de cada sociedade, os quais expressam necessidades e interesses sociais contextualizados, de cuja devida consideração depende a superação das condições reais que separam e desigualam os homens.

Essa solução conciliatória, no entanto, que em nome de uma ética universal admite valores universais sem desprezar valores locais, corre o risco de cair no mesmo formalismo e abstração que caracterizam aquelas concepções tradicionais que vêem na ética um conjunto de princípios, valores e normas absolutos e universais, sem nenhuma consideração pelas condições reais em que a ética se manifesta. Como, afinal, conciliar valores universais e valores locais? Falar numa ética universal, pautada por valores universais, ainda que sem desprezar os valores locais, sem atentar para a condição de que só há validade axiológica quando se tem uma real conexão com o mundo vivido e com as necessidades sociais, será sempre uma tarefa fadada aos vícios da abstração e do a-historicismo típicos das concepções que ignoram que a ética cumpre uma função social.

Por isso, em mais uma conclusão, entende-se que, em princípio, não existem valores puramente universais, capazes de fundamentar uma ética universal; mas porque a humanidade se viu unida diante de problemas que hoje são comuns a todos os homens, em qualquer

48 JULIANA ARAÚJO LEMOS DA SILVA MACHADO

parte que estejam neste globo terrestre, talvez seja possível se pensar na construção de uma ética não universal, mas *planetária*, fundada em valores que tenham alguma referência, por uma necessidade real comum, para a humanidade inteira. Essa conclusão será aprofundada em momento oportuno.

Ética, moral e ciência

Pretende-se, neste tópico do trabalho, refletir um pouco sobre as relações que se estabelecem entre a ética, a moral e a ciência, de modo a aclarar as noções assumidas sobre ética e moral no item precedente.

Foi visto que uma recente corrente do pensamento filosófico, de que Vázquez (2000) é o mais notório representante, entende ser a ética a "ciência da moral", ou seja, um ramo específico do conhecimento científico que teria por objeto de estudo o comportamento moral do homem. Tal ponto de vista acaba por neutralizar ou, na expressão do já citado Saldanha (1998, p.6), esvaziar a ética de seu grosso conteúdo humanístico e axiológico, reduzindo-a a um mero braço da ciência. Convém, portanto, entender a ética como *realidade*, isto é, como parte do mundo criado pelo homem, mais precisamente como parte do mundo cultural, já que se manifesta como realidade axiológica, principiológica e normativa, intimamente relacionada a uma forma específica do comportamento humano, que é o comportamento moral. Ética e moral, portanto, integram o conjunto das obras humanas.

É verdade que, como já destacado, o termo "ética" é mesmo um vocábulo polissêmico, que tem sido usado para designar não só o sistema de normas, princípios e valores que orientam a conduta moral do homem, como também a reflexão filosófica que se produz sobre a realidade ético-moral e, por vezes, o conhecimento científico que se possa produzir sobre ela. Mas, tomar a ética como sendo simplesmente a "ciência da moral", esvaziando-a totalmente de seu conteúdo material (axiológico e humanístico), é exagerado reducionismo, que convém ser evitado. Isso não afasta, porém, a questão de fundo que se coloca sobre

DIREITO, ÉTICA E BIOSSEGURANÇA 49

a relação entre ética, moral e ciência: será possível um conhecimento científico da realidade ético-moral humana?

Necessária, para o enfrentamento da questão colocada, uma compreensão mínima sobre o que se entende por ciência, temática que será mais bem aprofundada em capítulo próprio.

Pode-se entender a ciência como uma forma específica de conhecimento humano, que tem por finalidade *explicar* uma dada realidade, produzindo sobre ela um conhecimento *verdadeiro*, mediante o uso de método(s) próprio(s) e caracterizando-se por ser um conhecimento racional e sistemático, que supõe necessariamente – mas não exclusivamente – raciocínios de ordem indutiva e dedutiva.

Na visão positivista, no entanto – que determinou o conceito moderno de ciência, ainda dominante, porém já sujeito a fundadas críticas –, outros elementos se agregam ao conceito exposto, vez que o conhecimento científico é entendido como aquele produzido a partir de um método próprio e único, rigoroso e inflexível, por meio do qual se chegaria a um resultado ou conclusão também únicos (a verdade), com relação a um objeto perfeitamente delimitado e próprio de cada ramo científico. Esse conhecimento, dotado de método e objeto próprios e bem definidos, seria um conhecimento rigorosamente objetivo, no qual não influiriam qualquer parcela de subjetividade do cientista nem quaisquer fatores sociais externos, sendo, assim, um conhecimento axiologicamente neutro. Por sua vez, o conhecimento científico seria produzido com relação a um objeto real também necessariamente neutro, isto é, o objeto da ciência deveria ser aquele passível de investigação sob o prisma de sua causalidade (relações de causa e efeito), portanto, no qual não influíssem fatores de ordem axiológica e subjetiva.

Esse ponto de vista conduz ao entendimento de que certas realidades não seriam passíveis de um conhecimento com rigor científico, ou, inversamente, que o conhecimento científico se debruçaria sobre facetas do real "naturalmente científicas", como os fenômenos físico-naturais. Nessa perspectiva, o mundo ético-moral, porque lida com valores e porque sofre demasiada influência dos aspectos subjetivos da conduta humana, não seria uma realidade passível de conhecimento científico, mas apenas de reflexão filosófica.

A visão crítica dos postulados do positivismo veio, no entanto, demonstrar que o que determina a cientificidade de um dado conhecimento não é o objeto do conhecimento em si, mas sua abordagem, o ângulo pelo qual se o analisa, os problemas que são colocados com referência a ele, de tal modo que qualquer faceta da realidade pode ser submetida a um conhecimento de teor científico. A propósito, Marques Neto (2001, p.91-2) registra os inúmeros obstáculos que os fundadores das ciências sociais tiveram de enfrentar para conferir-lhes estatuto científico, de um lado, em razão da "dúvida generalizada entre aqueles que lidavam com as chamadas ciências naturais, de que um objeto tão cambiável como a sociedade pudesse prestar-se a estudos de natureza científica" e, de outro, pelas dificuldades encontradas para a definição de campos específicos de investigação, de sistemas metodológicos e de princípios teóricos adequados ao conhecimento de teor científico. O fato é que, apesar das dificuldades iniciais, as ciências sociais acabaram se impondo como ramos específicos do conhecimento científico, assentando-se paulatinamente a idéia de que "o que caracteriza as ciências, conseqüentemente, é muito mais o *enfoque teórico* sob o qual cada uma procura explicar a realidade, do que os objetos concretos de que se ocupam, ou mesmo os métodos que empregam" (idem, p.94, grifo do autor).

Então, desse ponto de vista, tem-se entendido que a realidade ético-moral humana – tanto os sistemas éticos vigentes numa dada sociedade quanto a efetiva conduta moral humana – pode, tal qual qualquer faceta da realidade, ser submetida a investigações e explicações de natureza científica, desde que colocados os problemas certos, sob uma abordagem adequada.

A respeito, refletindo sobre as concepções que reduzem a ética a um simples capítulo da filosofia e negam-lhe qualquer possibilidade de abordagem científica, o filósofo mexicano Vázquez (2000, p.25) assevera que

> a moral [...] não é científica, mas suas origens, fundamentos e evolução podem ser investigados racional e objetivamente; isto é, do ponto de vista da ciência. Como qualquer outro tipo de realidade – natural ou social – a moral não pode excluir uma abordagem científica.

DIREITO, ÉTICA E BIOSSEGURANÇA 51

E prossegue suas reflexões lembrando que até mesmo um tipo de fenômeno cultural e social como o dos preconceitos, apesar de não serem em si mesmos científicos e de com eles não se poder constituir uma ciência, são passíveis de uma explicação científica, pelo simples fato de constituírem parte de uma realidade humana social (Vázquez, 2000, p.25-6).

Tem-se, pois, que é possível um conhecimento científico da ética e da moral, pelo qual caberia à ciência investigar, por exemplo, por que em determinada sociedade vigora um dado sistema ético e não outro; em que medida uma dada ética vigente atende às necessidades sociais contextualizadas; quais os fatores sociais que explicam a diversidade de éticas vigentes em distintas sociedades; o que impulsiona a sucessão de éticas efetivas no tempo; por que em determinadas sociedades o apelo ético-moral se faz mais presente na configuração das condutas individuais; em que medida os fatores sociais externos e os motivos de ordem interna interferem no comportamento moral do indivíduo etc. Assim, conforme as peculiaridades de cada questionamento colocado, o mundo ético-moral poderá ser objeto de estudo por parte de ciências sociais como a sociologia, a antropologia, a psicologia, a história, e não se descarta também a possibilidade de surgimento ou especialização de um dado ramo científico com preocupações específicas acerca dessa faceta do real, como, aliás, postula Vázquez (2000, passim).

Ainda considerando-se o conceito moderno de ciência, convém, nesta parte do trabalho, acentuar, ainda que brevemente, o caráter supostamente neutro e objetivo das ciências, tal como postulado pelo positivismo. De fato, na visão positivista, a produção do conhecimento científico e seus usos seriam totalmente alheios à esfera axiológica, nessa compreendida a esfera ética. Isso porque, de um lado, o conhecimento científico caracterizar-se-ia precisamente por ser um conhecimento objetivo e neutro, posto que isento de interferências de ordem sub-jetiva, valorativa ou ideológica; além disso, porque os atos humanos implicados na produção e utilização desse conhecimento científico não seriam passíveis de uma apreciação do prisma ético, ou seja, do prisma de sua justiça ou injustiça, correção ou incorreção, bondade ou maldade. Esta última asserção é a que nos interessa particularmente:

52 JULIANA ARAÚJO LEMOS DA SILVA MACHADO

na visão positivista, ética e ciência seriam instâncias apartadas, incomunicáveis, de modo que os atos humanos de produção e aplicação da ciência seriam axiologicamente neutros, mais precisamente, eticamente irrelevantes.

Essa forma de encarar a ciência vem ultimamente sendo suplantada por recentes correntes do pensamento filosófico, as epistemologias crítico-dialéticas, as quais, partindo do pressuposto de que o homem é essencialmente livre e deve, em conseqüência, responder por todos os seus atos, postulam que também no campo científico se vislumbra a liberdade e responsabilidade do ser humano, de tal modo que a produção da ciência e os usos que dela se faz não são jamais axiologicamente neutros; ao contrário, cada vez mais o cientista deve assumir a responsabilidade ética pelas conseqüências que advêm de suas descobertas e das respectivas aplicações. Esse ponto será aprofundado adiante.

Por fim, convém destacar que o conhecimento produzido no âmbito das ciências pode influenciar os sistemas éticos vigentes bem como o comportamento moral do homem. Sobretudo considerando-se o grande avanço que as ciências físicas e sociais vêm experimentando nos últimos tempos, deve-se considerar que o aprimoramento dos sistemas éticos, e até mesmo sua legitimidade, não pode deixar de lado as contribuições dos diversos ramos científicos. Assim, os princípios, valores e normas éticos socialmente estabelecidos, e as decisões morais individuais, para que possam ser justificados e legitimados, não podem desprezar o vasto conhecimento que se tem produzido sobre o ser humano, sobre o mundo natural e sobre as relações entre eles.

Apenas a título de exemplo, poder-se-ia lembrar uma das mais recentes e importantes contribuições da genética, a qual demonstrou que as diferenças fenotípicas (aparentes) entre os seres humanos se devem a uma variação no código genético da ordem de 0,1% de um ser humano para outro (Dias Neto, 2003, p.17 e 18), e que esse porcentual permanece o mesmo quer se considere pessoas da mesma "raça" (e/ou etnia) quer se considere pessoas de "raças" diferentes. Um sistema ético que se funde, então, na supremacia de uma "raça" sobre outra torna-se insubsistente quando confrontado com o conhecimento científico já acumulado acerca do assunto.

DIREITO, ÉTICA E BIOSSEGURANÇA 53

Mas não só: a compreensão científica dos fenômenos naturais e sociais também pode contribuir para o próprio alargamento do campo ético. Deveras, e exemplificativamente, poder-se-ia lembrar que a ciência já comprovou que a destruição do meio ambiente, pela poluição e desmatamento, poderá, em prazo não muito longo, comprometer a sobrevivência do homem no planeta, de tal modo que condutas até então consideradas eticamente irrelevantes, como a poluição de um rio ou o desmatamento de uma floresta, passam a assumir nítidos contornos éticos em razão da consciência, proporcionada pela ciência, das conseqüências que uma tal conduta poderá acarretar para a humanidade inteira.

Ética, moral e filosofia

Como já ponderado anteriormente, o comportamento moral do homem e os princípios, normas e valores têm sido, desde os tempos mais remotos, objeto de reflexão por parte da filosofia. Aliás, é interessante notar que a reflexão especificamente ética, pelo menos no Ocidente, é praticamente contemporânea ao surgimento da própria filosofia, de modo que se pode afirmar que as primeiras reflexões filosóficas eram, em grande medida, reflexões ético-filosóficas. É o que se observa na Antiguidade clássica, cujos principais pensadores – Sócrates, Platão e Aristóteles – dedicaram grande parte de suas obras às questões éticas.

Talvez se possa mesmo afirmar que as questões fundamentais com que se preocupou a filosofia em seu nascedouro e que, portanto, até mesmo determinaram seu surgimento, eram questões de natureza ética: qual o sentido do agir humano? qual o fim do homem? qual o bem supremo que o homem deve buscar? em que medida se pode considerar que o homem é um ser livre? qual o sentido e as conseqüências da liberdade humana? Aliás, não seria mesmo exagero afirmar que as questões centrais com que se preocupa a filosofia ainda hoje exprimem, em certa medida, uma dada preocupação ética, já que a filosofia tem sempre presente a reflexão sobre o sentido último da práxis humana.

Nesse sentido, Oliveira (1995, p.69) muito bem destacou que sendo o homem o ser da liberdade, ontologicamente obrigado a construir seu próprio ser e seu mundo, questão fundamental para ele é encontrar critérios que lhe permitam avaliar sua própria práxis, a fim de saber até que ponto ela significa de fato a conquista de seu ser, e que esta tarefa foi originalmente incumbida à filosofia:

> na medida em que o homem parte de sua própria práxis e levanta a questão de sua validade última enquanto realizadora de si mesmo, emerge a filosofia. Neste sentido, a filosofia é uma descida às próprias raízes da práxis humana. Desde que ela emergiu no Ocidente se entendeu a si mesma como busca dos princípios primeiros-últimos de todas as coisas.
> [...]
> A filosofia é a sempre renovada pergunta pelo sentido de nossas vidas na história e enquanto história, e por isso a sempre recomeçada tematização do sentido que nos interpela como seres da práxis. (Oliveira, 1995, p.69 e 71)

Outrossim, não se deve esquecer do dado histórico de que, em tempos remotos, quando ainda não se haviam lançado as bases do conhecimento científico, a filosofia abarcava uma gama enorme de saberes, os quais, mais tarde, viriam a se desgarrar do tronco comum da filosofia e a constituir ramos autônomos e específicos do pensamento.

Assim, parece mesmo certo que uma preocupação ética sempre acompanhou – e acompanhará – o pensamento filosófico. Pelo menos, é constatável que pensadores das mais variadas épocas – antigos, medievais, modernos e contemporâneos – e dos mais diferentes matizes têm dedicado vastas reflexões às questões éticas.

Diante de tamanha imbricação entre ética e filosofia, dado que as questões éticas sempre permearam a reflexão filosófica, não é mesmo de causar estranheza que ainda hoje nos defrontemos com concepções que insistem em prender a ética nos quadros da filosofia, entendendo-a como um capítulo dessa.

Conquanto seja certo que no campo da filosofia existe uma reflexão acerca da ética e da moral, evitar-se-á, contudo, designar tal reflexão

DIREITO, ÉTICA E BIOSSEGURANÇA 55

filosófica por "ética". Falar-se-á, então, em "reflexão ética", em "reflexão no campo ético", em "filosofia ética", e com isso o adjetivo "ético(a)" estará designando o objeto da reflexão, ou seja, a ética, entendida como realidade. Isso porque não só a moral, mas também a ética são concretas, históricas, têm existência fática, independentemente das teorias e das especulações filosóficas, embora exista uma relação entre umas e outras. Logo, uma vez adotado um conceito material de ética, há mesmo que se entender que a ética não é pura e simplesmente parte da filosofia, mas que existe uma parte da filosofia que se preocupa com as questões éticas.

Logo, a filosofia, como filosofia ética, não dita normas de comportamento nem estabelece princípios e valores éticos; ela reflete sobre tais normas, princípios e valores, e às vezes até propõe princípios e valores que poderão influenciar a ética e a moral concretas. Assim, a filosofia vem buscando respostas para algumas questões éticas fundamentais, tais como: em que consiste o bom? a que custo o homem deve perseguir esse bom? existe um progresso ético-moral? qual a relação entre liberdade e responsabilidade? em que medida ou sob quais pressupostos o homem deve ser responsabilizado pelas conseqüências de seus atos? quais atos humanos são eticamente relevantes, isto é, passíveis de uma valoração ética? etc.

Na busca de respostas para aquelas questões, a história do pensamento assistiu ao surgimento de diversas concepções ético-filosóficas, que enfrentaram de distintas maneiras e sob pressupostos e parâmetros variados essas questões fundamentais que dizem respeito à própria existência do ser humano. Dentre essas concepções filosóficas, algumas destacaram-se pela originalidade com que enfrentaram aquelas questões, trazendo, cada qual a seu tempo, importante contribuição para o avanço do debate ético-filosófico e, em certos casos, influenciando sobremaneira a ética e a moral históricas. A essas concepções, que têm sido denominadas "doutrinas éticas fundamentais", será dedicado um capítulo à parte.

Por ora, importa esclarecer as relações que se estabelecem entre essas doutrinas éticas fundamentais e a ética e a moral vividas.

Em primeiro lugar, é importante destacar que não obstante a diversidade de problemas ético-filosóficos enfrentados por essas doutrinas éticas, suas reflexões convergem todas para um questionamento central, qual seja, a definição de em que consiste o valor ético fundamental, quer dizer, em que consiste o "bom". Isso porque, como visto, os sistemas éticos efetivos, constituídos por princípios, normas e valores éticos socialmente estabelecidos, gravitam precisamente em torno do valor da bondade, com base no qual se estabelecem os princípios e normas éticos e se julga a correção ou não das condutas morais humanas concretas. Como reflexão sobre a ética e a moral vividas, as diversas correntes ético-filosóficas têm, pois, se preocupado fundamentalmente em propor, cada qual, aquilo que seria o "bom" do ponto de vista ético, bem como em fundamentar e justificar um dado "bom" historicamente vigente.

Então, na tentativa de compreender as relações que se estabelecem entre as doutrinas éticas e a moral e a ética vividas, é interessante notar que as primeiras servem tanto para justificar e legitimar um dado sistema ético e as condutas morais que lhe são correlatas – quando assumem um caráter conservador – quanto para, por meio da proposição do que deve ser considerado "bom", impulsionar mudanças na ética e na moral vividas – então assumindo um caráter transformador. É bem verdade, no entanto, que tais doutrinas éticas têm contribuído muito mais para a conservação de um dado padrão ético-moral vigente do que para sua transformação. Vázquez (2000, p.210) bem destaca que a elaboração teórica acerca dos princípios morais efetivos acaba quase sempre assumindo uma clara "função ideológica de justificação", que os desvincula das necessidades sociais concretas que os motivaram, ocultando assim seu caráter histórico e transitório.

Porque, porém, essas doutrinas éticas são formuladas por homens concretos, inseridos em contextos determinados, as doutrinas éticas também sofrem a influência da ética e da moral concretas. O filósofo não tece suas reflexões – sobre o que é o bom, por exemplo – no vácuo; ele sofre as influências do meio em que se situa, sendo natural, pois, que as doutrinas éticas, em sua formulação, venham a exprimir aquilo que a sociedade, da qual o filósofo faz parte, entende como sendo o bom. Daí que a mudança das condições sociais

DIREITO, ÉTICA E BIOSSEGURANÇA 57

concretas e, em conseqüência, a mudança da ética e da moral efetivas, venham a se refletir na elaboração de novas doutrinas éticas (Vázquez, 2000, p. 267).

Em conclusão, tanto a filosofia influi na ética e na moral vividas, quanto estas influem nas elaborações filosóficas.

Especificidade do comportamento humano moral: liberdade e responsabilidade

Breves considerações sobre a liberdade e a responsabilidade humanas

Se há algo que efetivamente distingue o homem dos demais seres que habitam o planeta, esse algo é sua liberdade. Ou, por outras palavras: a existência humana é peculiar e única pelo preciso fato de que o homem é o ser da liberdade e, por isso, o ser da imprecisão, da possibilidade, um ser aberto, por construir. O homem, em sua condição existencial de vida, não "é", porque não é predeterminado; ele "pode" ser, porque tem diante de si, em aberto, todas as possibilidades do mundo, e por isso ele só é "sendo", ou seja, em sua práxis.

A indeterminação marca a existência humana desde seu início até seu fim, já que o homem é colocado neste mundo como um ser que veio do nada e que caminha para o nada, e que, entre o nada e o nada, se lhe apresenta o absoluto, ou seja, um mundo aberto para uma existência inteiramente nova, no qual ele tem diante de si possibilidades infinitas de configuração de seu ser e de seu mundo. Por isso, diriam alguns que o homem é "projeto", outros, que é "tarefa", outros, ainda, que é "obra inacabada", já que colocado no aberto, na condição de ter que se construir e construir também o mundo a sua volta, permanentemente.

O homem não é, ele é sendo, na medida em que desenvolve sua práxis, de modo que seu ser só se configura na medida em que age, criando e transformando a si próprio e a seu mundo por intermédio de suas ações, das suas obras. A tarefa originária de conquista de seu

58 JULIANA ARAÚJO LEMOS DA SILVA MACHADO

próprio ser realiza-se por intermédio de suas ações, de modo que o homem é aquilo que produz; o homem é o conjunto de sua obra.

O homem produz a obra na mesma medida em que é produzido por ela. Tanto o homem produz a obra, quanto a obra produz o homem. No fundo, o homem se produz a si próprio por intermédio da própria obra. Metaforicamente, o homem produz o prédio, e o prédio faz do homem um construtor; o juiz profere sentenças justas ou injustas, e as sentenças fazem dele um juiz justo ou injusto.[2]

Assim, a liberdade marca a existência humana, e o homem se vê colocado diante da difícil tarefa de ter de se encontrar e se construir num mundo para o qual não escolheu vir, e diante de condicionamentos materiais que ele também não escolheu – ele encontrou – e que, não obstante, passam a ser de sua responsabilidade, já que, uma vez aqui, o mundo a sua volta deixa de ser algo simplesmente dado para ser algo transformável em suas mãos, portanto, obra sua.

O homem é liberdade, mas uma liberdade histórica, que só se manifesta concretamente na história, em que o homem desenvolve sua práxis. Por isso, a liberdade, presente de modo igual e transcendental em todos os homens, inerente, pois, à condição do homem no mundo, configura-se historicamente de maneira diferenciada em cada homem, conforme sua situação histórica específica, de modo que cada ser humano é, nesse sentido, um ser solitário, porque sua experiência de liberdade é única e irrepetível. Daí dizer Sartre que, neste mundo, para a construção de seu próprio ser e do mundo que o cerca, o homem só pode contar consigo mesmo. A tarefa de sua autoconstrução e construção do mundo é, pois, solitária e indelegável.

A historicidade da liberdade humana coloca presente, então, a questão da possibilidade extrema de negação da própria liberdade, donde se afirmar que o homem, sobre ser o "ser da liberdade", é também o "ser do risco", diante do qual se lhe colocam, sim, possi-

---

2   Informação verbal do Prof. Dr. Antônio Alberto Machado proferida em aula da disciplina Teoria Geral do Direito, no curso de mestrado do Programa de Pós-Graduação em Direito da Unesp – Franca/SP, no 1º semestre de 2003.

DIREITO, ÉTICA E BIOSSEGURANÇA 59

bilidades infinitas de autoprodução, mas, também, se lhe mostra a possibilidade do fracasso, pois "justamente o caráter contingente e finito da liberdade abre o espaço para sua autonegação, ou seja, para a posição do não-sentido, do desrespeito fundamental às coisas em sua racionalidade específica e, sobretudo, da coisificação da própria liberdade" (Oliveira, 1995, p.68-9).

A liberdade fundamental de todo homem só se manifesta, portanto, em sua práxis, isto é, na medida em que o homem age e toma posição diante do mundo, faz opções e toma decisões. Por isso que a efetivação do homem só se dá na passagem da liberdade transcendental para a liberdade existencial, pois que exige exteriorização, objetivação, isto é, decisão sobre uma dada configuração da própria vida e do mundo em que está inserido (Oliveira, 1995, p.68). Diante do absoluto, das possibilidades infinitas, o homem é obrigado a optar e a decidir, e com isso coloca-se também a possibilidade de que o homem, negando-se a fazer suas opções e tomar suas próprias decisões, perca a única chance de construir seu próprio ser, caindo na "vida inautêntica" de que fala Heidegger.

E justamente porque o homem é livre e tem a tarefa de construir-se e construir o mundo que o cerca que se coloca a questão de sua responsabilidade. Porque o homem faz a obra e essa obra retorna a ele, configurando seu próprio ser, o homem é responsável tanto por seu ser quanto pelo mundo (obra) que produz. Liberdade, historicidade e responsabilidade estão, pois, intimamente vinculadas e interdependentes na condição existencial do homem no mundo.

Ser responsável, por sua vez, remete à necessidade de critérios que permitam aferir até que ponto a práxis do homem está efetivamente contribuindo para a conquista de seu próprio ser e de um mundo a sua maneira, surgindo, pois, inevitável, a questão da justificação das ações humanas. É dessa necessidade – de eleger critérios que permitam refletir criticamente sobre a práxis humana – que, segundo Oliveira (1995, p.26 e 69), emerge a filosofia, mais propriamente a filosofia prática, que ele denomina "ética", como sendo a "reflexão crítica radical no sentido de explicitar os fundamentos da vida histórica do homem"; "ela explicita os critérios que permitem avaliar o que faz o homem para saber se isso realmente conduz à efetivação de sua liberdade". Conforme se tem entendido, uma vez adotado um conceito material de ética, não só a filosofia reflete sobre a questão da justificação da práxis humana, como também a própria sociedade, no intuito de orientar e julgar as ações humanas, tem concretamente estabelecido critérios que permitam aferir, num dado contexto, se uma ação humana é correta, justificável, e são estes critérios axiológicos (normas, princípios e valores socialmente estabelecidos) que se está, aqui, designando por "ética".

Então, o fato de ser o homem livre implica ser ele responsável, de modo que suas ações estarão sempre diante da questão de sua justificação, isto é, de se saber até que ponto essas ações contribuem para a efetivação de sua liberdade original, ou se, ao contrário, estão contribuindo para a negação dessa liberdade, para a sua coisificação, para a posição do não-sentido ou do desrespeito fundamental às coisas que o cercam e a si próprio, como alertou Oliveira. Por isso mesmo que a experiência ética, tal qual a experiência originária de ter de construir com liberdade e responsabilidade seu ser e seu mundo, é uma experiência que sempre acompanhou e acompanhará o homem, dada a necessidade sempre presente de julgamento das ações humanas, o que é feito com base em um referencial histórico e socialmente estabelecido – a ética, aqui entendida como o conjunto de normas, princípios e valores que orientam e servem de parâmetro para a justificação das ações humanas.

O comportamento humano moral

Como antes ressaltado, a moral é identificada com uma forma específica do comportamento humano. Mas de qual comportamento humano? Quais os elementos que individualizam e distinguem essa forma peculiar do agir humano?

Primeiramente, é importante reafirmar que a moral é um fenômeno social e, logo, diz respeito ao comportamento do homem em sociedade, como ser social, quer em suas relações com outro homem, quer em suas relações com o corpo social, a comunidade da qual faz parte.

Como ser que age em sociedade, o homem, na medida em que se lança na tarefa de ter de construir a si mesmo e ao mundo que o rodeia,

DIREITO, ÉTICA E BIOSSEGURANÇA 61

defronta-se com a possibilidade – quase necessidade – de que suas ações possam trazer conseqüências para outras pessoas e, por vezes, para a sociedade inteira, e é justamente aí que se vislumbra o caráter moral de certas condutas humanas. É "moral" a conduta humana que, de alguma forma, atinge outras pessoas, traz conseqüências para outros indivíduos. É, pois, na emergência do "outro" que se encontra a especificidade do comportamento humano moral. Nesse sentido, o agir moral do homem necessita sempre de uma referência: afeta quem e de que modo?

Em segundo lugar, é necessário considerar que os atos morais implicam sempre uma valoração ou avaliação, que é a atribuição de valor (bom, justo, honesto etc.), o que é feito segundo os princípios e normas éticos – os quais encarnam valores – vigentes em uma dada sociedade, num dado momento. Essa avaliação implica, em última instância, um juízo de aprovação ou reprovação do ato por parte dos demais indivíduos integrantes daquela comunidade. Essa valoração, obviamente, só pode recair sobre atos humanos. Os animais e os seres inanimados não podem ser avaliados do ponto de vista moral. Entretanto, nem todos os atos humanos podem ser avaliados moralmente, mas somente aqueles nos quais o indivíduo age de maneira livre e consciente.

Conforme foi visto, a liberdade é inerente à condição humana, de modo que, sejam quais forem as circunstâncias, o homem será sempre responsável por suas ações ou omissões. É verdade que, no movimento da práxis humana, aquela liberdade fundamental – ou "transcendental", segundo Oliveira (1995, p.68) – efetiva-se como liberdade existencial, isto é, contextualizada, historicamente configurada, de modo que a experiência de liberdade é única em cada ser humano. É verdade, também, que conforme as condições concretas em que se encontre uma pessoa, suas possibilidades de escolha e de decisão podem se apresentar reduzidas, mas dificilmente totalmente aniquiladas, a não ser que se encontre numa dada situação concreta e específica em que a existência de coação externa ou interna irresistíveis lhe suprima todas as possibilidades de escolha e de decisão (Vázquez, 2000, p.113-118). No entanto, ressalvadas situações concretas especialíssimas, tem-se que, existencialmente, a liberdade é sempre uma constante na vida humana e, em conseqüência, o homem será sempre responsável por suas condutas.

Então, o agir moral humano, porque é livre, é, também e em conseqüência, um agir responsável. O sujeito do ato moral é responsável pelas conseqüências que seu ato produz com relação aos demais sujeitos que o cercam.

Liberdade e responsabilidade são, portanto, indissociáveis quando se pensa na especificidade do ato humano moral.

Para que o indivíduo possa, porém, ser moralmente responsabilizado, é necessário que além de agir com liberdade, tenha ele consciência do ato que pratica, vale dizer, que aja consciente dos motivos, fins, meios e resultados de sua conduta (Vázquez, 2000, p.76-8).

Em síntese, pode-se dizer que o ato moral é o ato humano que afeta outros indivíduos e que pode ser objeto de um juízo de valor (justo, honesto, bom) conforme o sistema ético vigente, dado que é realizado de forma livre e consciente, o que, por sua vez, implica a responsabilidade do sujeito que age dessa forma.

2
DOUTRINAS ÉTICAS FUNDAMENTAIS

Nota introdutória

Conforme visto, a par do comportamento moral efetivo dos homens e do conjunto de princípios, normas e valores éticos que orientam e servem de parâmetro para a avaliação desse comportamento, ambos oriundos da realidade social concreta e, portanto, fenômenos sociais e históricos, existe, no campo da filosofia, uma reflexão acerca dessa realidade ético-moral humana. Necessário se faz, portanto, analisar o tratamento filosófico que a temática ética e moral vem apresentando ao longo dos tempos. Trata-se de analisar as diversas doutrinas éticas que, no passado e no presente, vêm se preocupando com algumas questões éticas fundamentais, e mais particularmente com a questão de se definir em que consiste o valor ético fundamental representado pela "bondade": em que, afinal, consiste o "bom"? Refletindo sobre o fim visado pelo ato moral, e partindo da idéia de que "todo ato moral pretende ser uma realização do 'bom'" (Vázquez, 2000, p.155), as diversas doutrinas éticas tentaram, cada uma a sua maneira, definir o que seria o "bom" do ponto de vista moral.

Tais doutrinas, cujas reflexões se situam num plano eminentemente filosófico, não ditam, por óbvio, quaisquer normas ou princípios éticos. Esses, como já ressaltado, são forjados na realidade social concreta, dentro do processo histórico. Mas as doutrinas éticas podem, isto sim, e freqüentemente o têm feito, justificar ideologicamente certo sistema ético, fundamentando sua validade num determinado contexto sócio-histórico. Assim, a história está repleta de éticas concretas e contextualizadas que, em razão de uma elaboração teórica, foram elevadas à condição de ética universal e necessária, tendo as doutrinas éticas servido para manter e legitimar um padrão ético então vigente. Isso implica reconhecer que as doutrinas éticas também servem a certos interesses, sucedendo-se umas às outras na medida em que muda a ordem social. Nesse sentido, e a título de exemplo, poder-se-ia considerar que a passagem de uma sociedade capitalista para uma sociedade socialista e, pois, de uma ética capitalista para uma ética socialista, certamente viria acompanhada da elaboração de novas doutrinas éticas, que iriam, então, justificar e fundamentar o novo sistema ético. Nesse aspecto, é forçoso convir que as doutrinas éticas também são históricas.

Percebe-se, pois, que as doutrinas éticas desempenham importante papel na justificação e fundamentação dos sistemas éticos concretos. Não se há, no entanto, de amesquinhar e restringir o papel das formulações ético-filosóficas à cômoda função de justificar o que já está posto, pronto, consolidado. Como correntes filosóficas que são, as doutrinas éticas podem ter um cunho transformador, atuando não só no sentido de justificar uma ética dominante, mas também na direção da mudança do padrão ético vigente. Ora, não cabe à filosofia simplesmente refletir sobre o que já é, o que, de certa forma, seria uma tarefa estéril; cabe refletir, também, sobre o que pode ser, empurrando as barreiras do conhecimento sobre a ética, o direito, a ciência, enfim, sobre os diversos campos com os quais se ocupa.

Certamente, não é tarefa das doutrinas éticas elaborar princípios, prescrever normas de conduta para o agir moral do homem; tais normas e princípios, como já ressaltado, são forjados na prática social concreta. Entretanto, as doutrinas éticas podem refletir sobre a moral, sobre a ética, sobre os valores éticos fundamentais, sobre o "bom", o "justo", o "verdadeiro", sobre os fins a serem buscados por um sistema genuinamente ético, enfim. Esse tipo de reflexão, longe de apresentar um

DIREITO, ÉTICA E BIOSSEGURANÇA 65

cunho meramente especulativo, pode exercer grande influência nos sistemas éticos concretos e na moral prática dos homens, servindo não apenas para justificá-los, mas para transformá-los, rumo à construção de uma ética verdadeiramente humana. Feitos esses esclarecimentos iniciais, passa-se à análise das doutrinas éticas fundamentais.

Doutrinas éticas fundamentais: breve exposição

O pensamento filosófico produzido na Antiguidade clássica foi fértil em reflexões éticas, sendo o caso de se destacar o pensamento de Aristóteles (385-322 a.C.), o qual, em sua *Ética a Nicômacos*, revelou se filiar ao eudemonismo, concepção segundo a qual o bom ético é a felicidade, que seria o fim de toda a conduta humana. Para ele, a felicidade é alcançada com o exercício da razão, com a contemplação ou reflexão teórica. No entanto, esse exercício da razão exigiria algumas condições materiais: estabilidade econômica (possuir os bens fundamentais para a vida) e liberdade. Sem essas condições, o raciocínio, e, logo, a felicidade, não seriam possíveis. Dessa forma, os escravos e as mulheres, por exemplo, por não terem liberdade, estariam privados da felicidade. Em que pese essa limitação ditada pela própria realidade das relações sociais vigorantes naquela época, o fato é que a doutrina aristotélica da felicidade, ao considerar que essa pressupõe certas condições materiais para sua realização, continua ainda hoje muito atual. Não resta mesmo dúvida de que a satisfação de necessidades vitais básicas, embora possa não ser condição suficiente, é condição indispensável para a felicidade dos homens.

Para os hedonistas, como Epicuro (341-271 a.C.), o bom é o prazer. Mas o prazer aqui valorizado como bom, ao contrário da concepção vulgar do hedonismo que acabou se divulgando, não é o prazer passageiro, imediato, provocado por sensações físico-psíquicas momentâneas, como aquelas proporcionadas pela comida, pela bebida, pelo sexo, pelas drogas. É o prazer duradouro, sereno, elevado, como o proporcionado pela contemplação de uma música, de um quadro, pela leitura, pela reflexão intelectual etc.

Na Idade Média, quando a Igreja passa a deter o poder ideológico e cultural, surge a chamada ética cristã, segundo a qual a felicidade, expressão do bom, só poderia ser alcançada num plano superior, transcendental, e, nesta vida terrena, a infelicidade e a tolerância com relação a ela seriam virtudes a ser compensadas naquele outro plano, extraterreno. O bom seria, então, agir de maneira a se tornar merecedor da felicidade numa outra vida, além e posterior a essa vida mundana. Nessa concepção, o início e o fim do homem está em Deus; Deus é o fim de toda conduta humana, aí compreendida também a conduta moral. A vida moral, portanto, é entendida como uma vida voltada para Deus, ser supremo que dita as regras do comportamento humano, as quais, por serem oriundas de Deus, seriam inquestionáveis, absolutas, incondicionadas, portanto verdadeiros dogmas com relação aos quais caberia ao homem aderir por meio de uma virtude fundamental que é a fé.

Certamente, porém, a maior idéia ética introduzida pelo cristianismo foi a idéia da igualdade: diante de uma realidade marcada pela mais profunda desigualdade entre os homens, o cristianismo proclama que todos são iguais perante Deus. A desigualdade concreta dos homens é compensada pela igualdade de todos aos olhos de Deus, sendo todos, sem distinção, chamados a participar da vida plena, justa e igual numa ordem sobrenatural. Diante da desigualdade existente nesta vida terrena, os homens são chamados a praticar a caridade, outra virtude ética fundamental para o cristianismo.

Na Idade Moderna, destaca-se o pensamento ético de Immanuel Kant (1724-1804), para quem o bom é a "boa vontade", que, segundo ele, não é um mero desejo, mas a determinação de fazer algo, lançando mão de todos os meios de que se dispõe. A "boa vontade" é o único bom universal, incondicional e irrestrito; logo, só ela pode fundamentar uma ética que se pretenda universal. Ainda que não se realizem seus propósitos ou, até mesmo, que se produzam conseqüências distintas e não queridas, o ato será moralmente válido se o que o determinou foi uma "boa vontade". E a vontade é boa quando a determinação do agir provém unicamente da consciência do dever, quando o homem age por puro respeito ao dever, sem quaisquer outras intenções.

DIREITO, ÉTICA E BIOSSEGURANÇA 67

Esse dever moral, que o homem deve sempre respeitar e ter em mente, é o que Kant chama de "imperativo categórico" e que pode ser expresso na seguinte fórmula: "age segundo uma norma que possa ter ao mesmo tempo o valor de uma lei universal", ou, por outras palavras, "age de maneira que possas querer que o motivo que te levou a agir se torne uma lei universal". A "boa vontade", para ser um valor universal, deve, portanto, estar acima da experiência concreta dos homens e ser independente das circunstâncias históricas, motivo pelo qual esta "boa vontade" só pode existir e ser pensada num plano ideal. Daí afirmar-se que a ética kantiana é uma ética formalista (porque parte de um arquétipo válido para todos os tempos e lugares) e apriorística (porque antecede e prescinde da experiência humana concreta).

Já para Jeremy Bentham (1748-1842) e John Stuart Mill (1806-1873), o bom é o útil. Mas em que consiste o útil? E qual é o referencial do útil; isto é, útil para quem? Respondendo a essas perguntas, depara-se com diversas concepções utilitaristas. Para Bentham, por exemplo, útil é o prazer (utilitarismo hedonista). Para Mill, útil é a felicidade (utilitarismo eudemonista). Assim, a ética utilitarista baseia-se no princípio da "maior felicidade para o maior número de homens", ou "maior prazer para o maior número de homens", que podem ser unificados na máxima "maior número de benefícios para o maior número de homens".

Na virada para o século XX, o pensamento ético de Max Weber (1864-1920) promove uma distinção entre o que seria a "ética da responsabilidade" e a "ética da convicção". Essas duas máximas, irredutíveis e opostas, guiariam toda e qualquer atitude ética. Pela "ética da convicção", a atitude do sujeito é orientada pela pura convicção, sem se atentar para os resultados da conduta e sem assumir a responsabilidade por tais resultados, eis que o que importa é agir segundo a convicção. Pela "ética da responsabilidade", o sujeito assume a responsabilidade pelas conseqüências de suas ações, de modo que, prevendo consequências maléficas, é capaz de deixar de agir ainda que isso contrarie suas convicções, ou, pelo contrário, se sua omissão puder trazer conseqüências prejudiciais para alguém, impõe-se sua atuação, ainda que essa contrarie suas convicções. Segundo Weber, essas duas máximas da ética não seriam conciliáveis; contudo, admite ele que elas se complementam.

Dessa breve exposição, percebe-se que as doutrinas éticas fundamentais aqui expostas apresentam em comum o fato de preocuparem-se em definir o bom de forma absoluta, atemporal e a-histórica, válida para todas as sociedades, em todos os tempos; o valor ético fundamental representado pela bondade foi, pois, concebido de forma universal e incondicionada. Tais correntes filosóficas ignoraram, portanto, que o bom, como vetor do ato moral, e como valor base de um sistema ético concreto, é definido historicamente, de forma dialética e, portanto, variável de sociedade para sociedade, e de época para época. Por trás de cada concepção acerca do bom encontram-se interesses sociais concretos, representativos de classes ou grupos sociais, motivo pelo qual, até mesmo numa mesma sociedade, podem existir diversas concepções sobre o bom.

Rompendo com essa forma a-histórica de se encarar o problema é que surge, na década de 1970, na América Latina, a Ética da Libertação, tendo como grande precursor o argentino Enrique Dussel. Essa doutrina ética apresenta uma nova visão da problemática ética e moral, já que busca critérios materiais que possam efetivamente fundamentar uma ética, o que só se torna possível na medida em que os critérios eleitos possibilitem a tomada de decisão, a opção axiológica e a assunção de um compromisso ético-político-ideológico. Essa empreitada, por sua vez, só se torna viável a partir de uma nova postura ou atitude filosófica, que não seja meramente especulativa, mas que tome posição e que tenha, pelo menos, a pretensão de participar do processo histórico, ainda que isso se dê por meio de uma "ação comunicativa", já que se trata de "filosofia". E essa nova atitude filosófica foi muito bem assumida pela Filosofia da Libertação, a qual, como se verá, abrange um projeto ético de libertação (Ética da Libertação).

Ao fornecer critérios materiais para um enfrentamento adequado da questão da fundamentação da ética, parece que a Ética da Libertação, como nenhuma outra doutrina, fornece subsídios importantes para se pensar numa ética planetária, que una toda a humanidade, e sobretudo para fundamentar uma bioética responsável e comprometida com a justiça. Então, por sua importância, a Ética da Libertação será analisada em item à parte.

Ética da Libertação

A Ética da Libertação deve ser compreendida dentro de um pensamento filosófico mais abrangente, que se preocupou sim com as questões éticas, mas que foi mais além, inaugurando mesmo uma nova atitude filosófica diante do mundo, na medida em que propôs ao filósofo, mais do que o papel de mero "observador externo", o papel de um verdadeiro agente ético-político capaz de participar e influir no processo histórico. Necessário, pois, para a compreensão da Ética da Libertação, pensá-la como *projeto ético* de um pensamento filosófico maior, a Filosofia da Libertação.

É sabido que sob a designação "Filosofia da Libertação" se reúne uma diversidade de pensadores e de pensamentos filosóficos, por vezes de matizes e raízes teóricas um tanto diferenciados, de modo que o correto seria mesmo falar em *filosofias da libertação*, assim como também em *éticas da libertação*. Não obstante, tem-se reconhecido que, apesar das diferenças, é perfeitamente possível identificar algumas idéias, propostas e pressupostos filosóficos comuns, de modo a reunir tais pensamentos em uma única vertente filosófica. Assim, feitas as devidas ressalvas, os termos "Filosofia da Libertação" e "Ética da Libertação" serão aqui utilizados em sentido genérico, para abranger todas aquelas correntes do pensamento filosófico que se preocuparam, de forma original e peculiar, com a temática da libertação. Outrossim, deve-se esclarecer que as reflexões que se seguem tomam por base especialmente o pensamento de Enrique Dussel,[1] o que se justifica tanto pelo fato de Dussel constituir-se mesmo no principal pensador da Filosofia da Libertação, haja vista sua vasta obra dedicada ao tema, quanto pela influência que sua obra teve em todo o pensamento da libertação, tendo servido de base para a maioria dos pensadores que posteriormente viriam a trilhar os caminhos da Filosofia da Libertação.

Feitos esses esclarecimentos iniciais, passa-se ao estudo do pensamento da libertação.

---

1 Este tópico foi especialmente baseado em Dussel (1995).

70 JULIANA ARAÚJO LEMOS DA SILVA MACHADO

A Filosofia da Libertação surgiu na América Latina em fins dos anos 60 e início da década de 1970, no contexto dos regimes ditatoriais, que então assolavam os países latino-americanos. Costuma-se citar como marco do surgimento do pensamento da libertação, a publicação, no ano de 1969, na Colômbia, de duas obras, a saber, *Sociologia da Libertação*, de Fals Borda, e *Existe uma filosofia na América Latina?*, de Augusto Salazar Bondy. Nesta última obra, o autor aponta a impossibilidade de existência de uma filosofia latino-americana autêntica em razão da situação estrutural de dependência em que se encontram os países da América Latina com relação aos países do capitalismo central, precisamente com relação aos países europeus. Bondy considera que nossa situação de "neocolônias dominadas" impedia por completo o desenvolvimento de um pensamento filosófico autônomo e autêntico na América Latina, o que, ao mesmo tempo, significava afirmar que somente a Europa, com países desenvolvidos e economicamente independentes, tinha condições materiais e legitimidade para a produção do pensamento filosófico. A dependência econômica da América Latina determinaria, assim, também uma dependência cultural de nossos povos.

Essas reflexões foram tecidas ao mesmo tempo em que surgia, também na América Latina, a "teoria da dependência", que apontava a desigualdade econômica entre os países do capitalismo central e os países do capitalismo periférico, denunciando que a superioridade econômica do Norte – especialmente, Europa – era obtida à custa do subdesenvolvimento e exploração do Sul – América do Sul, África, Ásia.

A citada obra de Bondy é importante porque ela marca o momento em que se discutia a possibilidade ou não de existência de uma filosofia latino-americana autêntica, fundada em nossos valores culturais. E Enrique Dussel foi um dos primeiros a afirmar que era sim possível uma filosofia latino-americana autêntica, desde que comprometida com um projeto prático de libertação do povo latino-americano. Daí se afirmar que a Filosofia da Libertação surge, então, como uma *libertação da filosofia*, isto é, como libertação do pensamento filosófico dos padrões impostos pelo mundo europeu, postulando-se, ao contrário, a autonomia e a autenticidade do pensamento produzido aqui na América Latina.

DIREITO, ÉTICA E BIOSSEGURANÇA 71

O pensamento da libertação surge, portanto, como um *projeto* filosófico latino-americano, de um lado, afirmando a plena possibilidade de construção de uma filosofia autônoma e autêntica na América Latina – uma filosofia na, para e a partir da América Latina – e, de outro lado, lançando as bases desse pensamento filosófico latino-americano, bases essas fundadas nos valores de nossa própria cultura. Mais do que afirmar a possibilidade de um pensamento filosófico na América Latina, a Filosofia da Libertação vem destacar a extrema necessidade de um tal projeto filosófico, posto que somente a partir de um pensamento produzido aqui, em terras latino-americanas, seria possível abranger as hipóteses de nosso mundo, isto é, somente um pensamento nascido aqui poderia refletir sobre os problemas que nos atingem, levando em consideração nossas peculiaridades culturais, sociais e econômicas.

Sob a influência da então nascente "teoria da dependência", o pensamento da libertação surge com a preocupação despertada em torno do choque estabelecido entre os mundos europeu e ameríndio, o confronto entre eles, a dominação e destruição de um pelo outro, circunstância essa que simplesmente inviabilizava a adoção de modelos filosóficos europeus para se pensar a especificidade da realidade latino-americana. Os padrões propostos pelas filosofias de então se revelavam adequados para a interpretação de *uma cultura* (central; eurocentrismo), mas não para o confronto assimétrico entre culturas diversas – uma dominadora, outras dominadas (Dussel, 1995, p.17). Como pensar a realidade latino-americana – dominada – a partir de modelos forjados numa cultura dominadora? Qual a legitimidade de um pensamento filosófico que se debruça sobre uma cultura dominada a partir da concepção que ele próprio carrega de ser um pensamento superior, dominador? Esses questionamentos viriam a denunciar a necessidade de produção de um pensamento filosófico no seio dessas culturas dominadas e com vistas à superação dessa situação de dominação.

Daí afirmar Dussel (1995, p.18) que a experiência inicial da Filosofia da Libertação consiste em "descobrir" (perceber) o fato opressivo da dominação, em que sujeitos se constituem senhores de outros sujeitos, o que se verifica no plano mundial (países centrais-países periféricos, Norte-Sul), no plano interno ou nacional (burguesiaoperariado, elites-massas), no plano pedagógico ou cultural (cultura central-cultura periférica, cultura das elites-cultura popular) etc.

Portanto, o primeiro passo que conduz ao surgimento do pensamento da libertação é a percepção da dominação, é a constatação de que, concretamente, homens são explorados por outros homens, e essa é uma situação vivenciada diretamente, e de um modo muito peculiar, por todo o latino-americano. Somente a partir da constatação de que existe efetivamente uma dominação, uma exploração, é que se torna possível pensar na libertação, buscar maneiras de superar a situação de dominação, e esse é o segundo passo da Filosofia da Libertação.

A percepção do fato da dominação e a busca de saídas para a libertação é temática que jamais fora tratada pelas filosofias (e pelas doutrinas éticas) européias. De fato, o tema da libertação não permeava o pensamento filosófico de então. Daí a necessidade de uma nova filosofia, voltada para a realidade latino-americana; daí a necessidade de construir, a partir dessa realidade, novas categorias filosóficas para se pensá-la. E a Filosofia da Libertação, com Dussel, especialmente, construiu novas categorias filosóficas, adequadas para se pensar a realidade dominada, explorada, da América Latina – por exemplo, "totalidade", "exterioridade", "libertação", que serão analisadas mais à frente.

A Filosofia da Libertação, ao enfrentar originariamente o tema da libertação, revela-se como verdadeira filosofia "anti-hegemônica", verdadeiro "contradiscurso" à filosofia eurocêntrica dominante, porque embora parta da periferia, tem pretensões de âmbito mundial, isto é, pretende refletir sobre a libertação não só dos povos oprimidos da América Latina, mas sobre a libertação de toda a forma de opressão, como e onde quer que ela se manifeste (Dussel, 1995, p.96).

Como "contradiscurso" à filosofia eurocêntrica dominante, a Filosofia da Libertação não nega a racionalidade moderna européia, mas pretende, isto sim, expressar uma nova racionalidade, aquela racionalidade silenciada, esquecida, que se constitui na "razão do Outro" (do pobre, do índio, do negro, da mulher, das futuras gerações etc.). A propósito, Dussel (1995, p.47 e 87) lembra que a modernidade e sua racionalidade, apresentadas ao mundo como sendo *a* cultura, *a*

DIREITO, ÉTICA E BIOSSEGURANÇA 73

civilização, *a* filosofia, *o* subjetivismo, são, em verdade, centroeuropéias, e que a maioria da humanidade é justamente a outra face dessa modernidade. O resto do mundo, não incluído na modernidade centroeuropéia – porque explorado, empobrecido, não desenvolvido –, possui uma racionalidade que transcende a racionalidade moderna européia, representando, segundo Dussel (1995, p.47), não a "pré-modernidade", nem a "antimodernidade", nem a "pós-modernidade", mas uma "transmodernidade" (idem, p.85), que clama por uma racionalidade distinta. Essa humanidade excluída do projeto europeu não nega a razão, não é um outro diferente da razão, apenas pretende manifestar, eficazmente, a "razão do Outro". E, nesse sentido, pode-se afirmar que a Filosofia da Libertação pretende ser, justamente, a "razão do Outro"; ela pretende expressar a razão dos que se situam à margem da razão machista, dominadora, individualista, preconceituosa, destruidora do meio ambiente, enfim (idem, p.48).

Como se percebe, dominação e libertação vão se constituir como idéias centrais desse pensamento filosófico latino-americano emergente na década de 1970. E veja-se que não se fala em uma filosofia da "liberdade", mas em uma filosofia da "libertação", o que indica ação, práxis, cujo ponto de partida é a situação de opressão, e cuja meta a atingir é a libertação, isto é, a superação da opressão (idem, p.46). Nesse sentido, é que se pode afirmar que a Filosofia da Libertação não é uma pura filosofia especulativa, mas uma filosofia que pretende influir nos processos reais e históricos que envolvem a condição do homem no mundo; ela pretende ser instrumento da conquista da libertação pelo homem. O filósofo, na concepção do pensamento da libertação, deve se constituir enquanto sujeito de uma ação ético-política transformadora e libertadora, o que supõe um filósofo compromissado com a realização da justiça e, certamente, não de qualquer justiça, mas daquela que se qualifica enquanto tal na medida em que supera as diversas formas de opressão que podem se apresentar nas relações humanas.

É nesse comprometimento, nesse envolvimento com uma práxis concreta, que se encontra o principal diferencial da Filosofia da Libertação quando comparada às outras filosofias. Como visto, a experiência inicial da Filosofia da Libertação é a "descoberta" do fato da opressão, e o passo seguinte é, justamente, o pensar sobre como superar a situação de opressão, do que se percebe que o pensamento da libertação, desde o início, situa a filosofia e o filósofo dentro do processo histórico, não sobre nem ao lado dele. O filósofo da libertação, como "ser-no-mundo", apresenta-se inserido no contexto do mundo vivido, e não como um ser à parte desse mundo, que simplesmente refletiria *sobre* ele. E porque percebe a dominação, e busca a libertação, esse filósofo apresenta-se *comprometido* com o dominado, com o *outro* (o pobre, o negro, o índio, a mulher etc.), e comprometido com sua libertação. O filósofo da libertação, como diria Dussel (1995, p.126), tece suas reflexões não na qualidade de mero observador externo, mas por meio de uma presença prática e concreta "dentro" dos movimentos populares, na qualidade do verdadeiro "intelectual orgânico" de Antonio Gramsci; claro que, uma vez que faz "filosofia", dando prioridade à "atuação comunicativa", isto é, enquanto "reflexão (ato segundo) sobre a práxis enquanto tal (ato primeiro)".

E a Filosofia da Libertação, no desenvolvimento dessa "atuação comunicativa", isto é, em sua reflexão conseqüente acerca do mundo e da práxis humana nele desenvolvida, procurou romper com os padrões de reflexão vigentes na filosofia eurocêntrica, propondo novos caminhos para se pensar a realidade latino-americana e, a partir dessa, a realidade mundial, ou melhor dizendo, as relações entre uma e outra. Nesse propósito, construiu categorias filosóficas próprias, aptas a interpretar realidades fragmentadas, contraditórias, marcadas pela dualidade dominador-dominado. Necessário, portanto, ainda que superficialmente, deter-se um pouco no exame das categorias filosóficas construídas pela Filosofia da Libertação, as quais, orientando e constituindo mesmo um pressuposto filosófico de suas reflexões, tornaram possível o desenvolvimento de um pensamento filosófico latino-americano autêntico. O exame restringir-se-á às categorias dussenianas, dada sua importância para o desenvolvimento do pensamento da libertação como um todo.

O filósofo argentino fala, inicialmente, naquilo que ele denomina de "*principium oppressionis*" (idem, p.109-12) e que designa a situação

DIREITO, ÉTICA E BIOSSEGURANÇA **75**

em que o "Outro" é considerado o oprimido dentro da "Totalidade",[2] como parte funcional (coisa, objeto) dela, e não como sujeito, e, por isso mesmo, sem fala, sem direitos. O *"principium oppressionis"* trata justamente do tema da "alienação"[3] (coisificação) do Outro, no qual esse aparece como algo estranho dentro da Totalidade, como um ser que não se reconhece como parte dessa Totalidade, porque é instrumentalizado, coisificado, por ela. Partindo do princípio enunciado, Dussel constata que dentro de qualquer mundo da vida, de qualquer comunidade real de comunicação, sempre e necessariamente existirá um Outro oprimido, negado, ainda que a comunidade de comunicação não o perceba, isto é, o tenha como "normal". Apenas para ilustrar essa assertiva, poder-se-ia lembrar, a título de exemplo, que o escravo era "normal" na Roma Antiga, como também o eram os índios e os negros escravizados na América colonizada. A esse Outro é negado qualquer ato de fala, qualquer consciência ética.

Além desse Outro, oprimido dentro da Totalidade, existe, porém, um outro Outro, na condição de atingido na "Exterioridade", fora da Totalidade, excluído da Totalidade, que se constitui na alteridade propriamente dita e cuja situação se insere no que Dussel (1995, p.113 e 116) denomina de *"principium exclusionis"*. No *"principium exclusionis"* vislumbra-se, então, uma Exterioridade à Totalidade vigente.

Essa Exterioridade pode ser representada, por exemplo, por uma outra cultura, que não se constitui numa cultura dominada, oprimida, dentro da Totalidade, mas uma cultura *a latere*.

Daí a distinção que Dussel faz entre oprimidos (dentro da Totalidade, *"principium oppressionis"*) e excluídos (na Exterioridade, *"prin-*

---

2   "Totalidade" é categoria utilizada por Dussel por influência do pensamento marxista, no sentido de globalidade, integralidade, em oposição às filosofias sistêmicas, que tendem a compartimentar o mundo vivido em sistemas autônomos e autoreferentes (a economia, a política, a cultura etc.). Por vezes, percebe-se mesmo que Dussel usa, em lugar de "Totalidade", a expressão "sistema-mundo", com o que quer significar justamente a totalidade de um dado mundo vivido, no qual economia, política, cultura apresentam-se inter-relacionadas e interdependentes, de tal modo que não possam ser pensadas separadamente.

3   O tema da "alienação" é também retomado por Dussel a partir das reflexões originais de Karl Marx.

cipium exclusionis"). E o projeto de libertação, com que se preocupa a Filosofia da Libertação, deve abranger tanto os oprimidos quanto os excluídos. A questão da libertação envolve, portanto, um questionar da Totalidade vigente (que domina e exclui o Outro), a fim de se construir uma nova Totalidade, isto é, uma nova política, econômica, erótica, pedagógica etc.

A construção dessa nova Totalidade parte, portanto, da situação de opressão e exclusão do Outro e é uma resposta a sua interpelação, a seu grito. Libertar, então, é fazer penetrar o Outro (Exterioridade) na Totalidade vigente e também fazer cessar a opressão dentro dessa mesma Totalidade, que, então, se constituirá como uma nova Totalidade. Trata-se, então, de libertar a mulher oprimida na erótica machista; o filho-criança/jovem-povo na pedagógica da dominação; o pobre na política econômica da exploração capitalista, tanto no nível mundial (Norte-Sul) quanto na relação capital/trabalho; as futuras gerações na lógica de destruição do meio ambiente; e assim por diante, onde quer que se manifeste a opressão/exclusão.

O sentido da libertação assume, pois, em Dussel, o sentido de "inclusão" – inclusão social, econômica, política, pedagógica, ecológica, erótica etc. Refletindo sobre a questão da Exterioridade e com o fim de identificar concretamente os espaços onde a libertação, enquanto ação, deve atuar, Dussel (1995, p.66-69) apresenta os diversos níveis possíveis de "exclusão" do Outro, exemplificando: a) a exclusão das pessoas de outras raças (racismo); b) a exclusão da mulher do mundo da vida machista; c) dentro da sociedade capitalista, a exclusão do trabalhador assalariado, obrigado a vender sua força de trabalho; d) no âmbito da questão ecológica, a exclusão das futuras gerações dos bens ambientais que nós estamos destruindo hoje; e) a exclusão de outras culturas propiciada pelo eurocentrismo cultural (que abrange a cultura anglo-norte-americana); e, por fim, f) a exclusão representada pela miséria crescente dos países do capitalismo periférico do Sul (África, Ásia, América Latina) em face da riqueza acumulada nos países do capitalismo central do Norte (Europa e América do Norte).

A luta desses excluídos, seu grito por justiça, interpela-nos a reconhecer-lhes iguais direitos e a incluí-los na Totalidade que gera

DIREITO, ÉTICA E BIOSSEGURANÇA 77

sua exclusão. Por isso, uma filosofia da pobreza, uma filosofia das vítimas, que represente uma outra via em relação às filosofias centro-européias, terá necessariamente de se preocupar com a luta por direitos raciais iguais, pela libertação da mulher, pela libertação do trabalho e do trabalhador, pela preservação do meio ambiente, pelos direitos culturais próprios de cada povo (africanos, asiáticos, indígenas latino-americanos, negros norte-americanos etc.). Esses são todos temas muito caros à Filosofia da Libertação.

Assim, a própria "libertação", segundo parece, constitui uma categoria filosófica fundamental da Filosofia da Libertação e, especialmente, do pensamento de Dussel. Ela aparece como ação, práxis, ou como diria Dussel (1995, p.24), como um "*processo* de libertação com vistas ao *projeto* de libertação", por isso, como já ressaltado, fala-se em Filosofia da Libertação e não da Liberdade.

A Filosofia da Libertação, portanto, tem um *projeto de libertação*, um projeto de inclusão social, política, econômica, cultural ampla, o que remete a um dos pontos mais importantes e, particularmente, que mais interessa ao presente trabalho: a Filosofia da Libertação tem, claramente, um *projeto ético*. A questão da libertação é uma questão ética fundamental, de modo que, talvez não seria mesmo exagerado afirmar, uma das maiores contribuições da Filosofia da Libertação foi no campo ético. A Filosofia da Libertação abrange, pois, uma Ética da Libertação, isto é, um projeto ético de libertação do homem de toda e qualquer forma de opressão. O pensamento filosófico da libertação desenvolveu, assim, uma doutrina ética própria e que rompe drasticamente com todas as formulações éticas até então desenvolvidas no mundo europeu e anglo-norte-americano.

Para compreender a Ética da Libertação é preciso retomar um pouco do que foi exposto sobre a Filosofia da Libertação. Dizia-se, antes, que a experiência inicial da Filosofia da Libertação consiste em descobrir o fato opressivo da dominação e, em termos de realidade latino-americana, o passo primeiro seria descobrir o fato opressivo da miséria, da pobreza. Pois bem, é justamente a pobreza – ou o "pobre", sem recursos, sem alimento, sem roupa, sem moradia, sem capacidade para reproduzir sua vida – que se constitui no ponto de

78 JULIANA ARAÚJO LEMOS DA SILVA MACHADO

partida da Filosofia da Libertação, encarada (a pobreza) originaria-mente como *fato ético*. A miséria, e a libertação dela, nunca haviam sido tematizadas pelas filosofias européias hegemônicas, tampouco a miséria havia sido encarada como *fato ético* pelas éticas filosóficas centro-européias de então (sempre incluídas, aí, as éticas e filosofias anglo-norte-americanas).[4]

É assim que a Ética da Libertação começa a refletir sobre a neces-sidade da construção de uma ética pautada em valores autenticamente latino-americanos, que pudesse servir de referencial axiológico para a busca da autonomia econômica, social e cultural do povo latino-americano. No entanto, após esse período inicial, em que o sujeito a ser emancipado é o povo latino-americano (que é pobre), a Ética da Libertação passa a ter como referência os "pobres" em geral, inde-pendentemente da nação da qual façam parte, e, atualmente, fala-se numa Ética da Libertação das "vítimas" – vítimas de toda e qualquer forma de opressão e exclusão, seja política, econômica, social, racial, cultural ou ecológica.

A Ética da Libertação, portanto, que em sua origem esteve vol-tada para a realidade latino-americana, hoje se situa num horizonte planetário, procurando sempre analisar a questão ética do ponto de vista das "vítimas", seja qual for o fator de opressão. Nesse sentido é que se pode afirmar que a Ética da Libertação, tal qual a Filosofia da Libertação, sem abandonar o nível empírico do "ser-no-mundo", tem uma pretensão de âmbito mundial, porque se projeta para além de um padrão histórico situado, onde quer que haja opressão e exclusão.

Nesse ponto, é importante retomar aquela constatação de Dussel no sentido de que dentro de qualquer mundo vivido, de qualquer comunidade de comunicação real, sempre e necessariamente, existirá um Outro oprimido, negado, ainda que não seja ele percebido pela

---

4   Importante lembrar, com Dussel (1995, p.39 e 93), que a pobreza foi descrita fenomenologicamente como fato ético primeiramente por Lévinas, e que também Marx a enquadrara como crítica à economia política burguesa de sua época, mas que ambos não integram o que se tem denominado de filosofias eurocêntricas hegemônicas, porque constituem contradiscursos a essas filosofias, ainda que se trate de pensadores europeus.

DIREITO, ÉTICA E BIOSSEGURANÇA **79**

comunidade, isto é, seja tido como "coisa" normal. Isso leva à conclusão de que o "bom" ético de uma cultura, o "bom" ético vigente numa dada Totalidade, não poderá jamais servir de fundamento definitivo da moralidade dos atos, porque ele só valerá "por enquanto", isto é, até que se descubra o Outro negado nesse sistema-mundo (Dussel, 1995, p.111). É justamente a descoberta do Outro negado, oprimido, que vai exigir a reformulação daquele "bom" ético, que deverá, então, incluir esse Outro. E é partindo do mundo vivido, concreto, de cada situação histórica determinada, que se descobre o Outro.

Assim, na Ética da Libertação, o bom é definido levando-se em conta as condições sócio-históricas concretas, justamente porque será bom, do ponto de vista ético, o que for capaz de eliminar a opressão que, naquela sociedade e naquele momento, recai sobre os homens. Para a Ética da Libertação, o bom ético é o que transforma a estrutura social que produz e legitima uma certa forma de dominação do homem sobre o homem, é o que faz penetrar o Outro excluído na Totalidade vigente, ou que faz libertar o oprimido dentro dessa mesma Totalidade. E ao colocar a libertação como horizonte ético a ser perseguido *onde quer que haja opressão e exclusão*, a Ética da Libertação consegue superar o vício fácil do relativismo, que freqüentemente tem comprometido as doutrinas éticas de orientação puramente regionalizada.

Percebe-se, pois, que a Ética da Libertação, sem cair no relativismo, consegue superar o formalismo e a abstração que caracterizam as doutrinas éticas tradicionais, fornecendo critérios materiais que possibilitam a opção axiológica e a decisão política no campo da práxis. É justamente por isso que essa doutrina ética será especialmente valiosa para se pensar numa bioética que tenha como horizonte utópico a libertação – uma bioética da libertação.

3
BIOÉTICA

Nota introdutória

Diante das atualmente tão difundidas preocupações éticas em torno da produção e aplicação do conhecimento científico, sobretudo no campo das chamadas ciências da vida, pode parecer que as relações entre ética e ciência sejam auto-evidentes e tenham se estabelecido de forma contemporânea ao próprio surgimento da ciência. No entanto, como se verá, apenas há bem pouco tempo se vislumbrou uma aproximação entre a ética e a ciência, de modo que o próprio surgimento da bioética deva ser compreendido dentro de um processo histórico-filosófico mais amplo que questiona o conceito de ciência estabelecido na modernidade e que traz à tona a questão da responsabilidade do cientista pela ciência que produz e pelos usos que dela se faz.

Necessário, pois, para uma compreensão devidamente situada do surgimento da bioética, refletir sobre o conceito de ciência que se impôs como dominante na sociedade moderna, conceito esse forjado sob os paradigmas da epistemologia positivista e que, diante das críticas efetuadas pelas recentes epistemologias crítico-dialéticas, se pode considerar em crise.

O conhecimento humano

É sabido que o homem, ao mesmo tempo que age transformando e criando o mundo a sua volta, o conhece, isto é, sua vivência é toda mediada por um processo de conhecimento do mundo e de si mesmo, de tal forma que não seria mesmo descabido afirmar que o homem existe *conhecendo* o mundo que o cerca e a si mesmo, ou, como diriam outros, o homem existe como ser que *interpreta* a realidade. Vale dizer que a condição do homem no mundo é a condição de um ser continuamente impelido a, pelo conhecimento, tornar este mundo exterior um mundo seu ou a sua moda, porque toda a sua vivência é mediatizada por processos de conhecimento. Desse modo, não é mesmo possível imaginar comunidade humana, por mais primitiva que seja, que não tenha desenvolvido alguma forma de conhecimento, já que *conhecer* é inerente à condição do homem no mundo.

E o ser humano, ao longo de sua trajetória, tem desenvolvido diversas formas de conhecimento, das quais o conhecimento científico é apenas um exemplo. Ao lado da ciência, e com igual legitimidade, encontram-se o senso comum, a filosofia, a religião, as artes, os conhecimentos autóctones, que também se revelam como formas de conhecimento que têm, cada uma a seu modo, intermediado o processo de aproximação entre homem e mundo.

A forma pela qual o homem conhece o mundo tem sido objeto de diferentes abordagens no campo da filosofia, mais precisamente no campo da chamada gnoseologia. Nesse intento, três correntes têm, até o momento, disputado a primazia no melhor explicar o fenômeno do conhecimento humano, a saber: o racionalismo e o empirismo (tradicionais), e a dialética. O ponto central da discussão que se trava no âmbito da chamada Teoria do Conhecimento reside no binômio sujeito-objeto: como se relacionam, o papel de cada um na elaboração do conhecimento e a própria compreensão desses elementos. As correntes tradicionais da Teoria do Conhecimento fazem uma separação muito nítida entre pensamento (sujeito) e percepção (objeto). Ora afirmam que o conhecimento se dá pela percepção, ou seja, pelos órgãos dos sentidos, ora que o conhecimento se dá pelo pensamento (razão,

DIREITO, ÉTICA E BIOSSEGURANÇA **83**

raciocínio). "Pensamos a partir do que percebemos ou pensamos negando o que percebemos? O pensamento continua, nega ou corrige a percepção? O modo como os seres nos aparecem é o modo como os seres realmente são?" (Chaui, 1999, p.111).

Outra questão fundamental abordada pela Teoria do Conhecimento é aquela relacionada à verdade. As diversas teorias sobre o conhecimento tentaram explicar não só de que forma o homem conhece o mundo, mas de que forma ele o pode conhecer verdadeiramente, isto é, produzir conhecimentos verdadeiros sobre a realidade. Para as correntes tradicionais, verdade quer significar a coincidência com o real; conhecimento verdadeiro é aquele que compreende os seres tal como eles efetivamente são na realidade; é o conhecimento que capta a essência do real. Nessa perspectiva, tanto mais verdadeiro será um conhecimento quanto mais ele se aproximar do objeto real. Porém, as correntes dialéticas vêm questionar se é mesmo possível produzir um conhecimento que exprima exatamente o que os seres são na realidade, isto é, se é possível atingir a essência dos seres. Percebe-se, assim, que a própria concepção de verdade sofre variações nas diversas teorias do conhecimento.

Em breve síntese, o empirismo pode ser entendido como a corrente filosófica para a qual o conhecimento humano advém da experiência sensível: só é possível conhecer por meio dos sentidos, já que esses é que captam a realidade e, conseqüentemente, permitem conhecê-la. Assim, o conhecimento nasceria do objeto. Para conhecer a realidade, bastaria "captá-la", ou seja, o sujeito cognoscente deveria portar-se tal qual uma "máquina fotográfica", para simplesmente "registrar" a realidade. Essa forma de se conceber o processo de conhecimento humano assenta-se na crença de que o objeto do conhecimento se apresenta tal como ele é na realidade; o objeto é tido como "transparente", pelo que bastaria captá-lo, cabendo ao sujeito cognoscente a mera tarefa de descrever o objeto tal como ele naturalmente se revela. O conhecimento seria, assim, meramente descritivo, e ao sujeito cognoscente bastaria elaborar os dados empíricos, num papel puramente operacional. Então, na perspectiva empirista, não seria possível conhecer sem a experiência sensível, como também não seria possível existir uma intuição

84 JULIANA ARAÚJO LEMOS DA SILVA MACHADO

intelectual pura. Não se trata evidentemente de negar a capacidade imaginativa do homem, mas de rejeitar que o pensamento puro possa produzir um conhecimento verdadeiro. Em síntese, para o empirismo, só se conhece verdadeiramente por meio da experiência.

O positivismo é a corrente filosófica que leva o empirismo a suas últimas conseqüências, na medida em que não só restringe o conhecimento humano ao conhecimento empírico, como também vem a considerar que o único conhecimento "verdadeiro" é o conhecimento experienciável, isto é, aquele conhecimento que pode ser empiricamente comprovado por meio de um método único, rigoroso e inflexível. Portanto, para o positivismo, o conhecimento parte do objeto (percepção) e retorna a ele (verificação, comprovação). Para Auguste Comte (século XIX) – o grande filósofo do positivismo empirista –, o conhecimento, para ser verdadeiro e válido, deve ser objetivo, puro e neutro, sem nenhuma parcela de influência da subjetividade do sujeito cognoscente.

Em síntese, o positivismo filosófico caracteriza-se por alguns postulados básicos, a saber: a) o único conhecimento verdadeiro é o conhecimento comprovável, experienciável, de modo que tudo o mais que não seja passível de comprovação pela realidade deve ser descartado; b) o conhecimento empírico produz verdades unívocas ("a verdade") e imutáveis; c) a produção de um conhecimento verdadeiro requer o uso de um método único, rigoroso e inflexível; d) o conhecimento assim produzido é objetivo, puro e neutro, porque o sujeito cognoscente não projeta nada sobre o objeto e o processo de conhecimento não sofre nenhuma influência de fatores externos.

Já segundo a corrente filosófica representada pelo racionalismo, o homem conhece o mundo porque é dotado da capacidade de pensar, isto é, porque é dotado de razão. Nessa perspectiva, conhecer significa raciocinar: todo o conhecimento humano se processa no plano da razão e parte dessa em direção ao objeto. Esse, por sua vez, desempenharia um papel secundário no processo de conhecimento humano, funcionando como mero ponto de referência, quando não é totalmente ignorado (como ocorre no Idealismo). O objeto de conhecimento seria, assim, uma idéia construída pela razão. Com isso, não se ignora que as coisas têm efetivamente uma existência real, mas considera-se

DIREITO, ÉTICA E BIOSSEGURANÇA 85

que o que conhecemos é uma idéia do real, e não o real mesmo. Em sua vertente mais extremada – o idealismo, do qual Platão (427-347 a.C.) é o grande representante –, chega-se até mesmo a afirmar que é possível conhecer prescindindo-se da realidade. Daí Platão afirmar que o homem não capta a realidade, mas apenas uma idéia da realidade. O conhecimento seria, assim, mera idéia do real, pelo que seria impossível conhecer as coisas tal como elas são em si mesmas.

Do que foi exposto, percebe-se que tanto no racionalismo quanto no empirismo opera-se um distanciamento entre sujeito e objeto, como se o conhecimento humano se passasse em uma dimensão estanque, isolada da realidade. Em ambas as correntes, o homem é considerado um ser que conhece a realidade sem fazer parte dela e sem ser influenciado pelos diversos fatores que compõem essa mesma realidade. Esse distanciamento entre sujeito e objeto propiciaria uma suposta neutralidade, noção essa que não sobrevive quando se considera que o pensar humano é influenciado desde as mais íntimas convicções políticas e ideológicas até fatores sociais e econômicos, como mais tarde viria a demonstrar Marx. Além disso, o processo de conhecimento humano, além dos fatores puramente racionais e sensoriais, sofre a interferência de outras condicionantes, como a emoção, a criatividade, a imaginação, a memória, o inconsciente (psicanálise – Freud), a ideologia etc.

Especificamente com relação ao empirismo, para o qual o conhecimento só ocorre pela experiência e o objeto apresenta-se tal como é na realidade, observa-se que tal entendimento não se sustenta quando se considera que as sensações, os sentidos, muitas vezes criam ilusões, distorcem a realidade. Por sua vez, o racionalismo, quando em sua visão extremada – idealismo – chega até mesmo a prescindir da realidade, também comete grave equívoco, já que o homem, no ato de conhecer, se debruça sobre a realidade, tenta compreender o mundo que o cerca, não sendo possível prescindir totalmente da realidade sem resvalar para a metafísica. De modo que é mesmo forçoso reconhecer que o conhecimento humano não se dá só pelos sentidos, nem só pela razão: "A consciência humana é 'reflexo' e ao mesmo tempo 'projeção'; registra e constrói, toma nota e planeja, reflete e antecipa; é ao mesmo tempo receptiva e ativa" (Kosik apud Marques Neto, 2001, p.1).

A dialética surge na tentativa de superar as deficiências das correntes racionalistas e empiristas, fazendo, primeiro, uma aproximação entre as duas correntes, para, depois, realizar uma superação e propor novas bases para a compreensão do processo de conhecimento humano. Assim, a dialética parte da constatação de que tanto o racionalismo quanto o empirismo, ao situarem o problema do conhecimento ora no sujeito ora no objeto, caíram em visões extremistas insustentáveis, metafísicas, para, então, situar o processo de conhecimento não mais em um dos pólos da relação cognitiva, mas sim na própria "relação" que se trava entre ambos (Marques Neto, 2001, p.13). Sob essa perspectiva, a dialética não é, de modo algum, um aperfeiçoamento das correntes racionalistas e empiristas, mas uma superação de tais correntes, um rompimento com elas, justamente porque encara o problema do conhecimento a partir de um novo enfoque, qual seja: a "relação" que se estabelece entre sujeito e objeto.

Dessa forma, na concepção dialética, sujeito e objeto não mais se encontram distanciados, isolados no processo de conhecimento, mas, ao contrário, estão dialeticamente implicados e condicionados no ato de conhecer. O momento do conhecimento não é mais o momento da percepção nem o do raciocínio puro, mas o momento da interação entre sujeito e objeto. O conhecimento dá-se na própria relação que se estabelece entre o homem e o mundo real; o homem conhece o mundo não por sua "captação" passiva nem pelo pensamento apartado da realidade; o homem conhece o mundo na medida em que interage com ele. E interação implica, necessariamente, uma troca: o mundo agindo sobre o homem, e o homem agindo sobre o mundo. Entende-se que o ato de conhecer não é um ato que se processa estanque da realidade; ele se dá inserido na realidade, até porque o próprio conhecimento humano é um fato social, o que remete à conclusão de que esse conhecimento se situa dentro do processo histórico.

Assim, a dialética, partindo do pressuposto de que o sujeito faz parte da realidade que ele almeja conhecer e de que é, necessariamente, condicionado por ela, vem dizer que o conhecimento humano jamais é puro e neutro, sendo, isto sim, influenciado por uma diversidade de fatores ideológicos, políticos, econômicos, sociais, culturais etc. A

DIREITO, ÉTICA E BIOSSEGURANÇA 87

própria escolha do objeto de conhecimento e do método a ser utilizado já é uma escolha condicionada, influenciada ideologicamente; logo, não é objetiva nem imparcial (Marques Neto, 2001, p.58). Compreende-se, além disso, que a realidade, em si mesma, não é harmônica, homogênea, estática, nem "transparente", de tal modo que fosse possível descrevê-la tal como ela é. A realidade, o mundo real, contém de modo conflituoso o ser e o não-ser e, sendo assim, para conhecê-la, o sujeito deve conhecer tais conflitos e contradições, o que só é possível por meio de uma perspectiva que permita o confronto e a superação, isto é, por meio de uma perspectiva dialética.

Outrossim, as correntes dialéticas fazem uma clara distinção entre objeto real e objeto de conhecimento (idem, p.14-9). Objeto real é a coisa tal como existe no mundo, independentemente de nosso pensamento, seja considerada em si mesma (número) seja a coisa como ela aparece para nós (fenômeno). Já o objeto do conhecimento – que é aquele sobre o qual será produzido o conhecimento; com o qual o sujeito cognoscente vai trabalhar – é um objeto construído. O objeto de conhecimento é construído a partir de um determinado enfoque, pelo qual se selecionam certos aspectos e se descartam outros. Por isso que o ato de conhecer não é mera descrição; é necessariamente um ato de construção. Volta-se com isso à afirmação já feita de que o conhecimento jamais pode ser puro, neutro, porque é o próprio sujeito que constrói seu objeto de conhecimento, e o constrói necessariamente a partir de suas convicções subjetivas, e a partir de um dado referencial teórico e de um dado referencial metodológico, que também resultam de uma escolha subjetiva.

Sendo assim, o processo de conhecimento não só não é neutro, como não pode ser nem se deseja que seja, porque uma absoluta neutralidade impediria até mesmo que o sujeito tomasse a iniciativa de conhecer (idem, p.59). Com isso não se nega a possibilidade de um conhecimento verdadeiro, apenas se faz um alerta no sentido de que somente a partir da tomada de consciência de que fatores externos e internos influem no ato de conhecer é que o homem poderá evitar as distorções, os equívocos e, sobretudo, a "cegueira" no conhecimento do mundo que o cerca.

88 JULIANA ARAÚJO LEMOS DA SILVA MACHADO

Por fim, deve-se lembrar que, na concepção das correntes dialéticas, o processo de conhecimento é não só construção, mas uma *re*construção contínua de saberes, de modo que não há uma verdade, mas verdades retificáveis e sempre provisórias. Isso significa dizer que o conhecimento humano não se dá de forma linear (sempre para a frente) e contínua; por vezes, verificam-se retrocessos na trajetória de conhecimento do mundo pelo homem e, muitas vezes, os avanços nessa trajetória se dão por rupturas, e não em continuidade ao conhecimento anteriormente produzido (Marques Neto, 2001, p.50; Alfonso-Goldfarb, 1994, p.78-80).

O conhecimento científico

Analisadas as principais correntes filosóficas que se preocuparam em compreender o processo de elaboração do conhecimento humano, interessa, especialmente, perceber que o conceito moderno de ciência, há bem pouco tempo ainda dominante, foi estabelecido com base nos postulados básicos do positivismo, de modo que o conhecimento científico passou a ser entendido como um conhecimento objetivo, puro e neutro, produzido mediante a utilização de um método único, rigoroso e inflexível, o qual garantiria, por si só, a verdade do conhecimento assim produzido. A ciência, nessa perspectiva positivista, a qual efetivamente se impôs na modernidade, seria a forma por excelência de se conhecer o mundo, posto que seria ela capaz de explicar todas as realidades imagináveis – naturais e sociais –, bem como o conhecimento por ela produzido seria absoluto e inquestionável.

Essa visão extremada do positivismo resultou em uma distorção e supervalorização do conhecimento científico, que ficou conhecida como "cientificismo": a crença absoluta nos poderes da ciência, a qual esboçaria para a humanidade um mundo inteiramente novo, possibilitando-lhe viver "na ordem e no progresso". Essa crença expressa-se basicamente em quatro mitos: a) só se conhece verdadeiramente por meio da ciência; b) a ciência pode conhecer tudo; c) o conhecimento científico é neutro, puro e imparcial; e d) as verdades da ciência são

DIREITO, ÉTICA E BIOSSEGURANÇA 89

inabaláveis, em razão do que o conhecimento científico se processa num progresso contínuo e linear.

Para o que interessa diretamente a este trabalho, é importante notar que a ciência foi concebida pelo positivismo como uma instância totalmente apartada dos valores, quer porque a produção do conhecimento científico não estaria sujeita a interferências de ordem subjetiva (fatores ideológicos) nem de ordem exterior (o meio social) quer porque a atividade mesma de produção e aplicação desse conhecimento não seria passível de uma valoração pelo prisma de sua bondade ou maldade, correção ou incorreção, justiça ou injustiça. O conhecimento produzido pelas ciências e os resultados de sua aplicação não eram jamais submetidos ao questionamento de sua legitimidade perante a sociedade; só por ser ciência, era legítimo o conhecimento produzido e aplicado. Isso fez que os atos humanos de produção e aplicação do conhecimento científico ficassem, durante muito tempo, subtraídos a uma apreciação do ponto de vista ético, de modo que, enquanto vigeu em sua plenitude o paradigma positivista de ciência, essa foi mesmo apartada da ética. Daí se afirmar que as relações entre ética e ciência não são *naturais*, auto-evidentes, dadas de uma vez para sempre; ao contrário, é somente a partir do momento em que esse conceito positivista de ciência e o correlato mito do "cientificismo" começam a entrar em crise que se vislumbra o aparecimento das relações entre ética e ciência.

E foram as epistemologias crítico-dialéticas, no século XX, que começaram a questionar o conceito de ciência tal como concebido pelo positivismo, bem como a colocar em questão todos os poderes e virtudes atribuídos à ciência ("cientificismo"). A partir dessas reflexões, o conceito moderno de ciência entrou em uma espécie de crise, na medida em que já não satisfaz as preocupações hoje despertadas em torno da atividade científica tanto nos meios estritamente científicos ou acadêmicos, quanto, e sobretudo, na própria sociedade. O conceito de ciência requer, pois, um redimensionamento, a fim de que, de um lado, não mais se vincule às exigências rigorosas de definição de um método e objeto próprios e únicos, e, de outro lado, se abram as portas para um questionamento consciente do conhecimento científico que é produzido e aplicado, de modo a se conceber a atividade científica no vasto campo das obras humanas, como ato livre e responsável do homem, suscetível, portanto, de apreciação ética.

Trata-se, pois, de libertar a ciência dos padrões da modernidade, e inseri-la nos novos padrões que vêm surgindo com a pós-modernidade, que apresenta, como uma de suas principais marcas, o pluralismo: pluralismo de verdades, de métodos, de objetos etc. Aliás, nestes tempos de pós-modernidade, tão importante quanto renovar o conceito de ciência, é desmitificar os poderes e virtudes que a modernidade lhe atribuiu: a ciência não conhece tudo, nem é a única forma de se conhecer validamente o mundo.

Nesse sentido é que as recentes epistemologias crítico-dialéticas vêm refletindo sobre o papel da ciência e dos cientistas neste início de século, em que a humanidade se defronta com questões nunca dantes colocadas ou de proporções até então não verificadas, como é o caso, por exemplo, da miséria que assola milhões e milhões de pessoas e da destruição do meio ambiente que põe em risco as condições de vida no planeta. Diante dessas e de tantas outras questões com que se depara a humanidade atualmente, as epistemologias crítico-dialéticas vêm levantar a questão da responsabilidade dos cientistas pela ciência que estão produzindo e até mesmo pelo uso que dela se está fazendo, indicando, de um lado, que os cientistas não poderão se furtar de responder pelas conseqüências sociais de sua atividade e, de outro lado, que eles próprios devem exercer o direito de decidir sobre a ciência que querem produzir e sobre quais aplicações serão feitas dos conhecimentos assim produzidos.

Numa palavra, as epistemologias crítico-dialéticas, ao levantarem a questão da responsabilidade social dos cientistas, vêm estabelecer a necessária vinculação entre ciência e ética, considerando que o homem-cientista, por ser livre, é responsável pelos resultados sociais benéficos ou maléficos que possam resultar de sua atividade. Nesse sentido é que se pode mesmo compreender as epistemologias crítico-dialéticas como sendo "uma nova *ética da ciência*, uma ética que surge de dentro da própria prática científica concreta" (Marques Neto, 2001, p.30, grifo do autor).

Bioética

As preocupações éticas recentemente despertadas em torno da atividade científica vieram a se manifestar em todos os ramos da ciência, desde as ciências ditas exatas até as denominadas ciências sociais ou humanas. Aliás, sob o enfoque das epistemologias crítico-dialéticas, os questionamentos acerca da responsabilidade social dos cientistas têm se colocado em um plano mais abrangente, acima das tradicionais compartimentações da ciência em ramos distintos, considerando a ciência como uma forma específica de conhecimento humano, isto é, o conhecimento científico como tal, questionando, então, seus métodos, resultados, aplicações, finalidades, poderes e virtudes, tais como concebidos pela concepção positivista de ciência vigente na modernidade. No entanto, a par dessa reflexão eminentemente epistemológica, percebe-se uma especial preocupação com o conhecimento produzido no âmbito das denominadas *ciências da vida*, quando se fala, então, em *bioética*.

O termo *bioética* foi usado pela primeira vez pelo médico americano V. R. Potter, no ano de 1971, no sentido de uma "ciência da sobrevivência", que reunisse a ética e a ciência, separadas pela filosofia moderna, cuja concepção de ciência estaria contribuindo para a presente destruição das condições de existência da vida no planeta (Dall'Agnol, 2005, p.10-11).

A partir daí, o termo *bioética* passou a ser utilizado como sinônimo da reflexão filosófica acerca da moralidade implicada na produção e aplicação dos resultados das ciências biológicas ou ciências da vida, como a biologia, a ecologia, a medicina, a enfermagem etc.

Deve-se ter em mente, no entanto, que essa concepção difundida do termo *bioética* toma por base aquela concepção em que a própria ética é entendida como um ramo da filosofia. Foi visto, porém, que se, por um lado, é inegável que existe uma reflexão filosófica acerca da realidade ética e moral humana, por outro, é demasiado reducionismo identificar a ética simplesmente com a filosofia. Ao contrário, assentou-se o entendimento de que a ética, como a moral, é *realidade*, isto é, integra o mundo da vida, é parte do conjunto das obras humanas. A se entender dessa forma, é preciso ter claro que, no campo das ciências da vida, tanto existe uma reflexão filosófica acerca dos contornos éticos e morais da atividade científica quanto a própria sociedade, concretamente, está estabelecendo seus valores, normas e princípios éticos que irão orientar e servir de parâmetro para o julgamento da atividade de produção e aplicação do conhecimento científico.

Assim é que, diante da crescente degradação ambiental, a sociedade vem afirmando como valor ético fundamental a preservação do meio ambiente e da biodiversidade; diante das ameaças que a ciência vem trazendo para a vida humana, a sociedade vem procurando cada vez mais reafirmar a vida e a dignidade da pessoa humana como valores éticos a serem perseguidos; e assim por diante. É pois, na própria sociedade, inserida na dinâmica do processo histórico, que se estão gestando os novos valores, normas e princípios éticos que irão orientar e servir de referência para a atividade científica implicada com a vida no planeta. Expressão disso são as novas declarações de direitos que estão surgindo no mundo todo para a proteção das diversas formas de vida do planeta; declarações essas que vêm a consagrar, no plano do direito positivo, aquilo que a sociedade está definindo como o *bom* ético no campo da atividade tecnocientífica. À filosofia não cabe ditar normas de comportamento humano, nem mesmo estabelecer princípios ou valores éticos; à filosofia cabe refletir sobre aquilo que a sociedade está estabelecendo como valores, normas e princípios éticos.

Desse modo, quando se fala em *bioética*, deve-se, simultaneamente, pensar nessa como uma ética concreta da vida, inserida nos sistemas éticos vigentes na sociedade, como também como a reflexão que a filosofia vem fazendo acerca dessa nova faceta da realidade ético-moral humana. Para fins de padronização, utilizar-se-á, neste trabalho, o termo *bioética* para designar, a um só tempo, tanto a reflexão filosófica acerca dos problemas éticos e morais despertados pelas ciências da vida quanto a ética concreta da vida, que está nascendo historicamente no mundo vivido, pelo embate das diversas forças sociais, o que vem resultando na afirmação de novos valores éticos, os quais freqüentemente encontram expressão, por exemplo, nos relatórios e pareceres das comissões de bioética, nos documentos internacionais que trazem

DIREITO, ÉTICA E BIOSSEGURANÇA **93**

princípios a serem aplicados no campo bioético e que prevêem novos direitos da pessoa humana etc.

Cabe, então, primeiramente, indagar sobre o campo de abrangência da bioética. Partindo da origem da palavra *bioética*, observa-se que o termo designa, numa idéia inicial, a *ética da vida*. Em sentido assim abrangente, a bioética estaria relacionada a toda a temática das implicações da ciência, incluindo seu momento aplicado (tecnologia), com a *vida* também entendida em sentido amplo: vida vegetal e animal, aí incluída a vida humana. Nesse sentido, a bioética estaria preocupada com as questões éticas colocadas em torno das condições de vida no planeta Terra, refletindo especialmente sobre os resultados perversos da ciência, os quais têm colocado em risco a manutenção e a reprodução da vida no globo terrestre.

Assim, os problemas bioéticos compreenderiam desde a questão ambiental (degradação do meio ambiente, biodiversidade, transgênicos etc.) até as questões estritamente vinculadas à vida humana, em seu início, meio e fim, abordando tanto seus aspectos materiais ou propriamente sociais (por exemplo, o problema da miséria, da fome, da violência) quanto seus aspectos eminentemente biológicos ou orgânicos (descarte de embriões crioconservados, remoção e doação de órgãos, reprodução assistida, clonagem humana, manipulação genética humana, aborto, eutanásia, homossexualidade, transexualismo, dignidade dos portadores de necessidades especiais, experimentos com seres humanos etc.). É nesse sentido amplo que se referirá à bioética neste trabalho.

Costuma-se apontar, como marco do surgimento da bioética, a Segunda Guerra Mundial, quando se evidenciaram os poderes destrutivos que a aplicação irresponsável dos conhecimentos científicos poderia ter sobre as condições de vida no planeta, bem como se trouxe à tona a perversidade que poderia envolver a própria produção do conhecimento científico, aspecto esse que foi levantado sobretudo em razão das experiências feitas com seres humanos nos campos de concentração da Segunda Grande Guerra. Foi, portanto, a partir da segunda metade do século XX, sob as conseqüências advindas do conflito mundial, que teve início o processo de formação de uma consciência planetária acerca dos riscos que o desenvolvimento da ciência poderia trazer para a vida em toda sua amplitude. De fato, a Segunda Guerra Mundial trouxe para a humanidade a consciência de que a ciência, se por um lado podia trazer benefícios nunca dantes imaginados para o desenvolvimento da vida, poderia, também, por outro lado, propiciar mecanismos de destruição em massa da vida no planeta. Isso fez que a comunidade planetária começasse a refletir sobre os limites éticos da produção e aplicação do conhecimento científico, bem como sobre formas concretas de coibir os eventuais abusos no uso da ciência.

Data da segunda metade do século XX (1978) um dos principais documentos que efetivamente marcaram o surgimento da bioética e que é conhecido como Relatório Belmont. Referido relatório foi o resultado apresentado por uma comissão criada pelo Congresso norte-americano com a missão de identificar os princípios éticos básicos que deveriam orientar a experimentação científica com seres humanos. Na conclusão dos trabalhos da comissão, foram identificados três princípios bioéticos básicos, a saber: princípio da autonomia (ou do respeito pelas pessoas), princípio da beneficência e princípio da justiça (Dall'Agnol, 2005, p.11-2).

A partir daí, as reflexões bioéticas passaram a se dar com base naqueles três princípios enunciados pelo Relatório Belmont, ora ampliando-se, ora restringindo-se aquele rol, já que alguns autores destacam do princípio da beneficência o princípio da não-maleficência, ao passo que outros restringem os princípios bioéticos aos princípios da beneficência e da autonomia. Assim, com pequenas variações, e vez ou outra priorizando-se um daqueles princípios, o fato é que o *principialismo* acabou se impondo como padrão ou paradigma para o enfrentamento das questões éticas em torno da vida.

Em rápidas linhas, pode-se entender o *princípio da beneficência* como a regra geral que coloca como fim a ser perseguido pelos profissionais da saúde e pelos cientistas biológicos o bem da pessoa humana. Fazer o bem e evitar o mal são os postulados básicos a que remete o princípio da beneficência (e segundo alguns, também o da não-maleficência). Já o *princípio da autonomia* impõe que, na produção do conhecimento científico, sobretudo na fase de experimentação, e na aplicação de

DIREITO, ÉTICA E BIOSSEGURANÇA **95**

seus resultados pelos diversos profissionais que lidam com a vida e a saúde humanas, deve-se respeitar a autonomia de cada pessoa, isto é, o direito que cada ser humano tem de decidir sobre os assuntos que lhe tocam, de ser ouvido e de ter efetivamente consideradas suas opiniões no momento da tomada de uma decisão. Autonomia é conceito oposto ao de heteronomia, e quer significar justamente a capacidade de autoregrar-se, de autoconduzir-se, ao passo que a heteronomia remete para a idéia de imposição de normas por terceiros. Por fim, pelo *princípio da justiça* impõe-se a necessidade de uma distribuição eqüitativa dos bens e serviços de saúde, de modo que estes estejam acessíveis a todos.

Parece, no entanto, que referidos princípios não resolvem suficientemente a questão crucial de toda discussão ética que é, precisamente, a questão da tomada de posição, da opção, da escolha, do compromisso em favor de tal ou qual valor. Viu-se que a ética lida com valores, e esses são, freqüentemente, contraditórios e não conciliáveis; daí a necessidade da opção, da tomada de posição, da assunção de um compromisso claro com certa e determinada ordem de valores. E, nesse sentido, os princípios até agora apontados pelas correntes principialistas no campo da bioética têm um alcance limitado, pois concretamente não significam opção alguma em prol de qualquer valor. Tais princípios são afirmados abstratamente, sem uma conexão com a realidade social na qual devem operar, isto é, sem atender a necessidades sociais concretas.

Basta questionar: o que é o bem? O que é fazer o bem? Quem diz o que é o bem de uma pessoa? O que é justiça? Até que ponto a autonomia de uma pessoa deve ser respeitada quando confronta com valores éticos superiores, que envolvem outras pessoas? Como tornar os serviços de saúde acessíveis a todos sem enfrentar o problema de fundo que é a existência de uma sociedade capitalista marcada por profunda desigualdade material entre os homens? Ora, todos esses questionamentos sempre estiveram presentes nas reflexões filosóficas, desde os tempos mais remotos, sem que se tenha conseguido chegar a um denominador comum. A justiça, aliás, tem sido apontada como o problema fundamental da filosofia jurídica, desde Aristóteles até pensadores contemporâneos, sem que se possa, após tanta reflexão, dizer com exatidão o que é justiça – precisamente porque o justo também é dialeticamente construído.

Percebe-se, pois, que os princípios apontados, *por si sós*, não resolvem o problema da ética nas ciências. Aliás, tais princípios, sobretudo o *princípio da beneficência*, porque não expressam nenhuma opção ou compromisso axiológico, correm um sério risco de ser usados apenas retoricamente, servindo para justificar ações as mais díspares e contraditórias, à semelhança do que ocorreu com o discurso dos direitos humanos, os quais têm servido, a um só tempo, para legitimar guerras (como, por exemplo, a "guerra contra o terror") e para pedir a paz. Isso equivale a dizer que os mencionados princípios – da beneficência, da justiça e da autonomia – apenas servem para fundamentar uma ética formal, abstrata, bem nos moldes da ética kantiana.

Não se nega a importância e utilidade dos princípios apontados como *ponto de partida* para uma reflexão acerca da ética nas ciências, mas jamais podem significar o ponto de chegada dessa reflexão, como tem acontecido nas visões principialistas da bioética. Talvez até se pudesse excepcionar das críticas antes levantadas o *princípio da justiça*, tal como colocado, isto é, como imperativo ético a clamar por uma justa distribuição dos serviços de saúde, mas até mesmo esse princípio só pode ser pensado validamente no plano concreto, em uma íntima imbricação com a realidade social; quer dizer, mencionado princípio só fará sentido se consideradas as reais condições que oprimem e desigualam os homens em uma dada sociedade; não pode, portanto, ser afirmado apenas dogmaticamente.

Necessário é, portanto, estabelecer um referencial ético, pautado por critérios materiais que possibilitem a tomada de posição, a opção e a assunção de um compromisso ético-político-ideológico no plano da práxis. Na busca desse referencial, parece que qualquer reflexão ética, que se queira legítima, deve estar voltada para a emancipação do homem, como pessoa e como espécie – a humanidade. Daí recorrer-se, dentre as diversas doutrinas éticas, à denominada Ética da Libertação. Conforme visto, a Ética da Libertação, que inicialmente esteve voltada para o problema da libertação do povo latino-americano, hoje se situa num horizonte planetário, tendo como referência para sua práxis emancipatória as "vítimas" – vítimas de toda e qualquer forma de opressão e exclusão, seja política, econômica, social, racial, cultural, ecológica ou científica.

Cada vez mais tem-se a consciência de que *saber* efetivamente é *poder*, de modo que toda a sociedade e a comunidade científica em especial devem se preocupar com o que tem sido feito com o poder que a ciência proporciona. É por isso que as recentes epistemologias crítico-dialéticas têm se preocupado profundamente em compreender "*como* é utilizado o poder em que o saber científico implica; e como é utilizado não só pelos próprios cientistas, mas também por aqueles que encomendam, manipulam e aplicam os resultados das ciências, inclusive o Estado" (Marques Neto, 2001, p.29, grifo do autor).

Na medida em que se percebe que a detenção do conhecimento científico freqüentemente tem significado detenção de poder, torna-se necessário libertar o homem, como pessoa e como espécie, da subjugação daqueles que detêm o poder pela detenção de um conhecimento científico inacessível e, muitas vezes, atrelado a interesses que não aqueles genuinamente humanos.

Se a ciência implica certa margem de poder, é preciso, cada vez mais, como diz Santos (2000, p.340), transformar esse poder numa relação de "autoridade partilhada", vale dizer, fazer que o conhecimento científico se torne senso comum, se aproxime do senso comum, de modo a democratizar as conquistas científicas e a socializar a tomada de decisões nesse campo do saber. Sem isso, qualquer afirmação de *autonomia* será apenas formal e retórica.

Nesse sentido é que se pode falar na existência de vítimas do poder que o conhecimento científico proporciona: somos vítimas quando não temos acesso às tecnologias científicas, especialmente quando se trata de tecnologias aplicadas à cura ou prevenção de doenças; somos vítimas quando não somos chamados para discutir e tomar lugar nas "mesas de negociação" que decidem sobre a aplicação das teorias científicas e sobre a comercialização de seus resultados; somos vítimas, por exemplo, quando não podemos decidir se queremos ou não consumir alimentos transgênicos e se queremos ou não lavouras transgênicas em nosso meio ambiente; somos vítimas, ainda, quando não podemos opinar sobre se queremos ou não o patenteamento de genes humanos; enfim, as situações de vitimização do ser humano diante das conquistas científicas são inúmeras.

Desse modo, tendo como referencial a Ética da Libertação, torna-se possível a tomada de posição nesse campo das reflexões bioéticas, buscando-se superar a abstração e o formalismo de princípios que apenas enunciam fórmulas estéreis e alienadas, sem nenhuma concretude na esfera do compromisso ético-político-ideológico.

Uma vez que a Ética da Libertação tem como ponto de partida que a ética é verdadeiramente uma experiência humana histórica e que como tal deve atender às necessidades sociais concretas, e considerando que atualmente a comunidade humana se depara com necessidades que são comuns ao conjunto da humanidade (necessidades planetárias), torna-se possível pensar na possibilidade, e extrema necessidade, de uma ética certamente não universal, mas planetária.

De fato, hoje, ao menos dois problemas atingem toda a humanidade: a destruição do meio ambiente e a crescente exclusão social de milhares de pessoas. Esses problemas colocam a humanidade diante de necessidades sociais comuns – a preservação e a recuperação ambientais e a inclusão social dos milhares de excluídos – e a ética, que necessariamente deve cumprir uma função social, deverá, como condição de sua própria legitimidade, responder a essas necessidades sociais.

Refletindo com muita perspicácia sobre os atuais problemas com que se depara a comunidade humana em nossos dias, Boff (2003, p.11 e 9) afirma que a humanidade está hoje a viver uma nova fase de sua história, a *"fase planetária"*, cujos desafios impõem a busca de um "paradigma ético e moral à altura dos desafios que experimentamos", o que certamente só poderá ser alcançado a partir de "um novo patamar de consciência, a *consciência planetária"* (grifo nosso), a qual, reconheça-se, já começa a surgir. Os interesses e direitos difusos e coletivos, hoje proclamados em diversos documentos jurídicos internos e internacionais, são expressão dessa nova consciência, cujo marco deflagrador foi certamente a Segunda Guerra Mundial, a qual introduziu a perspectiva dos poderes destrutivos da ciência (portanto, do próprio homem) sobre a vida terrestre. Aliás, considerando as possibilidades hoje concretas de destruição das condições de vida no planeta, Boff (2003, p.9, 26, 81-82) faz um alerta no sentido de que a real e grande *globalização* que se coloca para a humanidade é justamente a globalização do destino

DIREITO, ÉTICA E BIOSSEGURANÇA 99

humano e da Terra, vale dizer, "a planetarização da condição humana e a consciência de que Terra e humanidade possuem destino comum", o que autoriza a falar-se numa verdadeira "civilização planetária", a qual deverá buscar – como civilização *una* que é, como civilização que habita a única "casa comum" – soluções conjuntas para os problemas que hoje a ameaçam como um todo.

Logo, porque a humanidade se viu colocada diante de problemas que hoje lhe são comuns, torna-se possível e urgente pensar numa ética planetária para uma civilização planetária. Com isso, retorna-se às questões anteriormente levantadas: é possível uma ética universal? existem valores éticos universais? Ora, uma vez que a humanidade atualmente se defronta com problemas e necessidades comuns, e diante do surgimento de uma consciência compartilhada desses problemas, parece inevitável que surjam valores comuns a toda a humanidade e, em conseqüência, que se configure a real possibilidade de uma ética que *una* toda a humanidade. No entanto, porque esses valores e essa ética têm uma efetiva conexão com a realidade histórica desta humanidade, parece que o qualificativo *universal* não se ajusta bem, já que traz sempre implícita a idéia de imutabilidade, eternidade, a-historicidade. E tendo em vista que esses valores e esta nova ética, com referência para toda a humanidade, só são válidos na justa medida em que derivam das condições reais, mantendo assim uma clara correlação com os fatos sociais e com as necessidades históricas dessa humanidade, tem-se que essa nova ética é essencialmente histórica, portanto, transitória, jamais eterna ou *universal*. Mudadas as condições reais e as necessidades sociais, a ética deverá cumprir outra função social, com a inevitável alteração dos valores éticos vigentes. Daí que, por bem exprimir a necessária correlação histórica da ética com as necessidades com que hoje se defronta a humanidade, talvez seja mesmo mais apropriado falar-se numa *ética planetária*.

Preservação do meio ambiente e *inclusão social* constituem-se, pois, em valores que podem efetivamente fundamentar uma *ética planetária*, comum para toda a humanidade. Os fatos históricos da degradação ambiental e da exclusão social de milhares de pessoas interpelam a humanidade para a necessidade de construção de uma ética que seja capaz de responder aos desafios desta nova *fase planetária* da trajetória humana. Até o momento, o homem cuidou de instrumentalizar a ciência para a dominação e a exploração da natureza; trata-se, agora, de instrumentalizá-la para a preservação do meio ambiente, a diminuição do sofrimento humano e a libertação do homem das cadeias que o prendem. É preciso se pensar numa "ética da vida" (Dussel, 2000, p.17), que sem ser antropocêntrica (o homem não pode mais ser considerado o centro de gravitação de nosso sistema-mundo), seja essencialmente *humanitária*, isto é, uma ética que tenha como valor fundamental a pessoa humana, mas que não despreze o fato de que a preservação do homem impõe a preservação de toda a comunidade de vida do planeta Terra; afinal, não há humanismo verdadeiro sem a defesa das condições que possibilitam a vida presente e futura da espécie humana.

Assim, e apenas para lançar as bases de uma reflexão que se quer muito mais profunda, apresentam-se alguns parâmetros que, conforme se entende, devem estar no cerne de uma bioética verdadeiramente comprometida com a libertação humana, isto é, uma *bioética da libertação*:

a) a neutralidade científica não passa de um mito criado pela epistemologia positivista e, assim sendo, isto é, porque a ciência não é neutra e não são neutras suas aplicações, é preciso que a comunidade científica reflita sobre a ciência que está produzindo e sobre a ciência que quer produzir, sobre os interesses que esta ciência vai perseguir e sobre os resultados que podem advir de um conhecimento científico que, a princípio, isto é, enquanto não aplicado, parece não ser bom nem mau. A responsabilidade social dos cientistas é, pois, um componente que precisa ser assimilado pela comunidade científica;

b) a ciência deve estar a serviço da diminuição do sofrimento humano, da promoção da inclusão social (que abrange a inclusão econômica, jurídica, ecológica, erótica, cultural etc.) e da preservação e recuperação do meio ambiente, a fim de que possa, também a ciência, se tornar "engajada", isto é, transformada em mais um instrumento a serviço da libertação do homem. Isso, de outro lado, implica ter como pressuposto que a ciência não pode estar sujeita ou atrelada a interesses puramente econômicos, devendo ter como finalidade o atendimento

DIREITO, ÉTICA E BIOSSEGURANÇA 101

dos interesses humanos autênticos, aqueles que conduzam à afirmação da dignidade fundamental de toda pessoa humana;

c) os resultados do conhecimento científico precisam ser socializados, tornando-se acessíveis a todos, de modo a permitir a inclusão social também na esfera das conquistas científicas. Esse fim, certamente, não poderá ser alcançado sem o enfrentamento da desigualdade estrutural presente nas sociedades capitalistas, pois a exclusão científica é apenas um aspecto da exclusão social crescente em nossas sociedades;

d) a ciência, para se legitimar, precisa dialogar com o senso comum, precisa tornar-se senso comum; vale dizer, a sociedade precisa participar do processo de tomada de decisões no campo científico, de maneira a alargar o círculo restrito da autodenominada "comunidade científica" e, com isso, afirmar-se o exercício da verdadeira autonomia.

Esses são alguns dos pressupostos axiológicos que orientarão as reflexões acerca da manipulação genética humana a ser desenvolvidas na segunda parte do trabalho.

4
BIODIREITO

Nota introdutória

O biodireito pode ser visto como o reflexo, no campo jurídico, das preocupações éticas despertadas pelos novos experimentos e conquistas científicas relacionados às diversas formas de vida no planeta. Percebe-se, assim, que uma nítida preocupação de caráter ético permeia o biodireito, ou, até mais do que isso, referida preocupação determinou seu próprio surgimento. E, de fato, como normatividade voltada para regular o comportamento humano de produção e aplicação do conhecimento científico implicado com a vida, o biodireito carrega um forte conteúdo ético.

Se é verdade que o direito, em sua dimensão normativa, sempre exprime algum conteúdo ético, o biodireito carrega uma carga ética indiscutível e explícita, pois normatiza a conduta humana diretamente implicada com um valor ético fundamental que é a vida, estando voltado em última instância para sua preservação e seu desenvolvimento com qualidade.

Se é possível, entretanto, afirmar que no plano de sua existência, como norma, o direito sempre incorporou e incorporará valores éticos, o mesmo não se pode dizer da compreensão humana acerca do direito, ou mais precisamente, da reflexão filosófica sobre ele. Com efeito,

104 JULIANA ARAÚJO LEMOS DA SILVA MACHADO

direito e ética são instâncias que nem sempre apareceram unidas na história da filosofia jurídica moderna.

Assim como as relações entre ética e ciência não são auto-evidentes, o mesmo se pode dizer das relações entre ética e direito no plano jusfilosófico, com a diferença de que, nesse plano, o movimento axiológico parece ter se dado no sentido inverso ao das relações entre ética e ciência, posto que as primeiras correntes jusfilosóficas – as correntes jusnaturalistas – sempre imprimiram ao direito um explícito conteúdo ético, o qual, no entanto, veio posteriormente a ser expurgado do campo jurídico pelas correntes juspositivistas, que efetivamente se impuseram como dominantes na modernidade. E agora, em tempos recentes, na chamada pós-modernidade, percebe-se um esforço por parte das correntes crítico-dialéticas do direito no sentido de se resgatar o elemento ético do fenômeno jurídico, tal como inicialmente concebido pelo jusnaturalismo; porém, com uma diferença: evitando-se o caráter abstrato e metafísico que sempre caracterizou as reflexões jusnaturalistas.

Parece, pois, que uma compreensão devidamente contextualizada do biodireito requer também uma compreensão mínima das relações que se têm estabelecido entre a ética e o direito ao longo da história da filosofia, para o que será necessário analisar a tradicional distinção entre direito natural e direito positivo, sob o pano de fundo da discussão acerca da idéia mesma de direito, tal como concebida pelas principais correntes da filosofia do direito.

Direito e ética no pensamento jusfilosófico

A distinção entre direito natural e direito positivo é uma tradição no pensamento ocidental, embora a expressão *direito positivo* seja relativamente recente, tendo aparecido pioneiramente nos textos latinos medievais (Bobbio, 1995, p.15). *Direito natural*, ao contrário, é expressão cunhada já nos primeiros textos jusfilosóficos, desde a Antiguidade clássica, e quer designar o conjunto de normas de conduta tidas como eternas, universais, imutáveis, superiores e anteriores à própria experiência humana, ora inscritas na natureza das coisas (*jusnaturalismo*

DIREITO, ÉTICA E BIOSSEGURANÇA 105

cosmológico), ora na natureza humana (*jusnaturalismo antropológico*), ora de origem divina (*jusnaturalismo teológico*), ora inscritas na razão humana (*jusnaturalismo racionalista*), mas sempre relacionadas aos valores do bem, do justo, do eqüitativo, do verdadeiro – portanto, de conteúdo ético. Já *direito positivo* é expressão que designa o conjunto de normas de conduta postas pelos homens, seja mediante práticas costumeiras, seja pelo poder do monarca (Estado Absolutista), seja pelo legislador (Estado Liberal).

A idéia da existência de um direito natural distinto do direito positivo já se encontra na Antiguidade clássica, em Platão e em Aristóteles. Este último, em seu *Ética a Nicômacos*, dizia:

> Da justiça política, uma parte é de origem natural, outra se funda na lei. Natural é aquela justiça que mantém em toda a parte o mesmo efeito e não depende do fato de que pareça boa a alguém ou não; fundada na lei é aquela, ao contrário, de que não importa se suas origens são estas ou aquelas, mas sim como é, uma vez sancionada. (Aristóteles, 1999, p.103)

Na Idade Média, a distinção entre direito natural e direito positivo se faz presente em quase todos os escritores (teólogos, filósofos, canonistas). Santo Tomás de Aquino, por exemplo, em sua *Summa Theologica*, fala em "*lex aeterna*", "*lex naturalis*", "*lex humana*" e "*lex divina*", e a "*lex naturalis*" e a "*lex humana*" correspondem, respectivamente, à noção de direito natural e àquele que viria a ser mais tarde chamado direito positivo (Bobbio, 1995, p.19).

No século XVII, Grócio fala em um "*jus naturale*" oposto a um "*jus voluntarium*", e o direito natural seria um "ditame da justa razão destinado a mostrar que um ato é moralmente torpe ou moralmente necessário segundo seja ou não conforme à própria natureza racional do homem..." (ibidem).

Percebe-se, pois, que até o final do século XVIII, o direito foi concebido sob duas espécies ou graus: o direito natural e o direito positivo, ora postos no mesmo nível, sem hierarquia, como na Antiguidade clássica, ora postos em planos diferentes, sendo o direito natural colocado num plano superior ao do direito positivo, assim a partir da Idade Média. Tinha-se, até então, uma concepção dualista do direito.

Essa concepção dualista do direito veio a ser suplantada, no plano histórico, por uma concepção monista, expressada pelo positivismo jurídico, doutrina filosófica segundo a qual não existe outro direito senão aquele posto pelos homens, mais precisamente pelo Estado. Essa concepção, que exclui o direito natural do campo jurídico, começa a se formar a partir da decadência da sociedade medieval, com o surgimento do Estado Moderno, então absolutista. Pode-se, pois, afirmar que o "processo de monopolização da produção jurídica por parte do Estado" tem início com a formação dos Estados Nacionais absolutistas, mas atinge seu apogeu no Estado liberal, com o fenômeno da codificação (idem, p.27 e 32).

O positivismo jurídico, ao reduzir todo o direito àquele posto pelo Estado, pretendeu expurgar do campo jurídico o elemento ético, na medida em que o direito passa a ser concebido não mais como "conteúdo", mas essencialmente como "forma" – ser posto pelo Estado –, independentemente dos valores que venha a exprimir. Pode-se até mesmo dizer que certas correntes juspositivistas, embora não tenham propriamente excluído o elemento ético do direito, o neutralizaram – assim o fez Kelsen, ao afirmar que justo é o que está na lei, justo é o mesmo que legal. Com efeito, ao propor uma teoria "pura" do direito, Kelsen pretendeu separar o conhecimento jurídico das reflexões de ordem ética, no intuito de se "depurar" a ciência do direito de qualquer interferência de elementos extrajurídicos, como a ética, a economia, a política etc.

O triunfo das concepções positivistas do direito não teve, no entanto, o condão de fazer desaparecer totalmente a idéia do direito natural, posto que, no plano histórico, as mesmas correntes positivistas freqüentemente recorrem ao direito natural para justificar ou legitimar o direito positivo. Assim, o direito natural é freqüentemente apontado como sendo o critério de justiça e próprio limite do direito positivo; nessas concepções, o direito positivo seria tanto mais justo quanto mais se aproximasse dos princípios do direito natural, considerado o direito justo por excelência.

Além disso, não há que se olvidar que o próprio direito positivo acaba, muitas vezes, positivando normas ou princípios do direito natural. Assim, podem-se citar, como expressões do direito natural

DIREITO, ÉTICA E BIOSSEGURANÇA 107

positivado, os direitos à vida, à integridade física, à saúde, os direitos da personalidade etc., os quais atualmente encontram-se previstos em diversos diplomas legais, até mesmo em nível constitucional, integrando, outrossim, o rol de direitos humanos proclamados em diversas declarações internacionais de direitos. Aliás, é importante perceber o inegável conteúdo ético presente em tais direitos, na medida em que consagram valores tais como igualdade, justiça, dignidade da pessoa humana etc.

Especialmente as correntes crítico-dialéticas têm se empenhado no resgate do elemento ético do direito, a fim de que esse não possa mais ser concebido sem essa condicionante axiológica: ou as normas são éticas e são, portanto, direito, ou não têm esse conteúdo ético e não podem, pois, serem consideradas como normas jurídicas.

Importa, nesse ponto, lembrar que o direito sempre foi, e será, uma instância permeada por valores e, logo, um instrumento de realização de valores. Sob a égide da concepção positivista, o direito estatal esteve permeado pelos valores ordem, segurança, previsibilidade e calculabilidade, servindo de instrumento para a garantia desses valores. Nessa cultura jurídica positivista, portanto, os valores justiça, solidariedade, libertação, promoção, inclusão social etc. foram deixados de lado, o que gerou uma série de conseqüências sociais perversas e danosas, como a exclusão de milhares de pessoas da fruição dos direitos humanos mais básicos. Daí afirmar-se que o direito, na perspectiva do positivismo jurídico, prescindia de um elemento ético. Por isso é que, neste momento de crise do paradigma liberal-positivista, quando se busca um novo paradigma para o direito, surge a necessidade de se estabelecer uma ponte entre direito e ética, de tal forma que o primeiro não mais possa ser concebido sem a última.

Biodireito

Com a crise do paradigma liberal-positivista do direito, que se acentuou sobretudo a partir da segunda metade do século XX, quando se sentiram os nefastos efeitos da Segunda Guerra Mundial, e sob o influxo das correntes crítico-dialéticas do direito, percebe-se que uma preocupação de forte matiz ético volta a permear as reflexões jurídicas, delineando-se, então, o início da configuração de um novo paradigma jusfilosófico para o direito, de acordo com o qual o conhecimento jurídico não pode mesmo prescindir de uma reflexão ética.

Nesse mesmo contexto, porém no plano material ou histórico, observa-se no mundo todo que direitos de natureza difusa e coletiva passam a ser proclamados em diversos documentos internacionais e, também, internamente, nas cartas constitucionais. Interesses como a proteção do meio ambiente e da biodiversidade, a paz mundial, a não-proliferação nuclear, a proteção do ser humano ante as intervenções tecno-científicas, a proteção do genoma humano e tantos outros de inegável caráter ético e humanístico passam a ser reconhecidos como direitos, e a merecer a tutela do Estado.

É, pois, nesse contexto que surge o biodireito, imbuído de uma expressiva preocupação ética, posto que voltado justamente para preservar a vida diante das possibilidades concretas de sua destruição que se fizeram ver com a Segunda Guerra Mundial.

No presente momento, a comunidade jurídica encontra-se envolvida na discussão acerca da autonomia científica do denominado biodireito; isto é, se ele constitui ou não um ramo autônomo dentro da ciência do direito, ao lado dos já tradicionais ramos da ciência jurídica, como o direito civil, o direito penal, o direito do trabalho etc.

Entende-se que tal discussão apresenta-se descabida, uma vez que toma como base ou pano de fundo um conceito de ciência que se encontra em crise. De fato, a idéia de "autonomia" dos diversos ramos do conhecimento científico está cada vez mais superada. O conceito tradicional de ciência "autônoma" vem associado à exigência de que tal ou qual ramo do conhecimento possua princípios, conceitos, regras, método e, sobretudo, objeto próprios. Ocorre que esse conceito moderno de ciência, que é um conceito de nítida orientação positivista, vem sendo colocado em questão, posto que cada vez mais vem se percebendo a necessidade de um conhecimento interdisciplinar e multidisciplinar, em que a "autonomia" tradicional dos diversos ramos científicos já não se sustenta validamente. A percepção de que o real – o

DIREITO, ÉTICA E BIOSSEGURANÇA 109

objeto de todo conhecimento científico – é extremamente complexo e conflituoso fez denotar a necessidade de um diálogo constante entre os diversos ramos do conhecimento científico a fim de proporcionar uma maior compreensão da realidade investigada.

Outrossim, a epistemologia do final do século XX já não aceita a idéia de que um ramo científico possa ser distinguido de outro apenas em função do objeto do conhecimento, o qual seria próprio de cada ramo do saber – as relações humanas, para as ciências humanas; os fenômenos da natureza, para as ciências naturais. Ao contrário, começa-se a perceber que nenhuma esfera do real é monopólio de investigação de alguma ciência específica. Na realidade, qualquer objeto pode, potencialmente, ser objeto de investigação de qualquer ramo da ciência. Assim, por exemplo, uma porção delimitada de terra pode ser analisada sob o prisma da geologia (a fim de averiguar-se a qualidade do solo), da biologia (a fim de se constatar a existência de vida, vegetal ou animal), da química (com a finalidade de se precisar sua composição química) e, até mesmo, do direito (o qual poderá indagar se tal terreno é de propriedade particular ou constitui bem público, ou ainda, se tal terreno cumpre ou não sua função social).

Dessa forma, percebe-se que o que distingue um ramo científico de outro não é o objeto do conhecimento em si, mas os problemas ou questionamentos que cada ramo se coloca, vale dizer, o "enfoque teórico" sob o qual cada ramo científico busca compreender a realidade. É nesse sentido que Marques Neto (2001, p. 95) afirma que "na realidade concreta, os objetos não são, em princípio, pertencentes a qualquer área do conhecimento científico. Cada ciência é que os incorpora, na medida em que os estuda dentro de enfoques teóricos específicos".

Nessa ordem de pensamento, torna-se fácil perceber que a discussão acerca de ser o biodireito um ramo autônomo ou não é uma discussão que já nasce velha. Melhor, então, é considerar simplesmente que o biodireito nada mais é do que o olhar da ciência jurídica sobre os avanços e conquistas verificados no campo das ciências da vida. Por outras palavras: a pesquisa científica e sua aplicação (tecnologia) sobre as diversas formas de vida do planeta (animal e vegetal) analisadas sob o prisma da ciência jurídica, isto é, diante dos problemas formulados pela ciência do direito. Assim, enquanto a medicina está preocupada com o potencial terapêutico das novas descobertas, o direito – ou melhor, o biodireito – está preocupado com a legalidade ou ilegalidade das novas técnicas, com os impactos das novas conquistas sobre os direitos fundamentais e a dignidade da pessoa humana e, até mesmo, com a emergência de novos direitos humanos em decorrência da revolução biológica e biomédica.

Em razão do caráter polissêmico do vocábulo "direito", tal como já ressaltado em passagem anterior, o biodireito pode ser entendido tanto como *ciência jurídica*, no sentido esboçado no parágrafo antecedente, quanto como o *conjunto de normas* que regulam a atividade científica e tecnológica em interferência direta com a vida animal e vegetal do planeta, disciplinando seus usos, seus limites e seus reflexos jurídicos na vida do ser humano. Sob esse último aspecto, o biodireito designa a *normatividade jurídica* voltada para a proteção da vida, em todas as suas formas, o que abrangeria desde o direito ambiental até a disciplina de atividades diretamente relacionadas à vida humana, em seu início, meio e fim, ocupando-se, então, de temas como aborto, eutanásia, reprodução assistida, homossexualidade, transexualismo, manipulação genética etc. – biodireito como o direito da vida.

Em sua dimensão normativa – que certamente engloba a dimensão legal ou legislativa, mas não se esgota nela –, o biodireito compreende regras e princípios jurídicos aplicáveis na proteção da vida, do que se cuidará no próximo tópico.

Princípios do biodireito

Segundo J. J. Gomes Canotilho (1993, p.166-7), a normatividade jurídica compreende duas espécies de normas, a saber: princípios e regras. A distinção entre princípios e regras, por sua vez, é proposta por Canotilho com base em alguns critérios, que se referem: a) ao grau de abstração; b) ao grau de determinabilidade; c) ao caráter de fundamentalidade no sistema das fontes de direito; d) à proximidade da idéia de direito; e e) à natureza normogenética. Assim, tomando-se

DIREITO, ÉTICA E BIOSSEGURANÇA 111

por base os critérios apontados, tem-se que os princípios são entendidos como normas com grau de abstração relativamente elevado, e as regras são normas com grau de abstração reduzido; em sua aplicação no caso concreto, os princípios, por serem vagos e indeterminados, carecem de mediações concretizadoras por parte do aplicador do direito, ao passo que as regras são passíveis de aplicação imediata; os princípios são normas de natureza fundamental no ordenamento jurídico em razão de sua posição hierárquica no sistema das fontes de direito e de sua importância estruturante dentro do sistema jurídico; os princípios são vinculantes por estarem radicados, por exemplo, na exigência de justiça, enquanto as regras são normas vinculativas com conteúdo meramente funcional; por fim, os princípios são o fundamento de regras, pois são normas que estão na base ou constituem a *ratio* de regras jurídicas, incorporando *valores* que fundamentam toda a ordem jurídica.

Ainda segundo o constitucionalista português, é importante destacar o caráter multifuncional dos princípios, pois esses tanto desempenham uma função argumentativa quanto expressam verdadeiras normas de conduta, possibilitando a integração e complementação do direito (Canotilho, 1993, p.167).

Sobre a distinção entre regras e princípios jurídicos, é importante também a contribuição de Dworkin (2002, p.39-43), segundo o qual a diferença entre essas duas espécies de normas é de natureza lógica: as regras são aplicáveis à maneira do "tudo-ou-nada", pois dada uma regra estipulada, ou essa regra é válida e deve ser aplicada, ou a regra não é válida e, neste caso, não será aplicada; dessa forma, se duas regras entram em conflito, uma delas não será válida e, logicamente, somente uma – a regra válida – será aplicável ao caso concreto. Com relação aos princípios, a questão se resolve em termos diferentes, pois os princípios têm a dimensão do *peso* ou *importância*. Nesse sentido, quando os princípios se intercruzam, a solução do conflito instaurado levará em conta a força ou peso relativo de cada um diante do caso concreto.

Nessa mesma linha de raciocínio, tratando da questão do conflito entre princípios, Canotilho (1993, p.10) observa que em momentos de tensão ou antagonismo entre princípios, esses podem ser objeto de ponderação e concordância prática, justamente considerando-se o peso

112 JULIANA ARAÚJO LEMOS DA SILVA MACHADO

de cada um diante das circunstâncias do caso concreto.

Em conclusão, tem-se que regras antagônicas se excluem reciprocamente, pois somente uma será válida e aplicável ao caso concreto, mas os princípios, por serem mais abertos, abstratos e abrangentes, poderão comportar tanto uma aplicação conciliatória quanto a possibilidade de um princípio não ser aplicado num dado caso concreto diante do *peso* que outro princípio possa ter naquela situação. Os princípios, portanto, não obedecem à lógica do "tudo-ou-nada", mas sim comportam sopesamento, ponderação e equilíbrio em sua aplicação.

Uma vez, entretanto, que os princípios são o fundamento de regras jurídicas, no confronto entre os primeiros e as segundas, os princípios é que deverão prevalecer, pois exprimem *valores* que sustentam todo o ordenamento jurídico; os princípios têm, portanto, um forte conteúdo axiológico, que lhes colocam na posição de verdadeiros sustentáculos do sistema normativo.

Importa, outrossim, destacar o caráter vinculativo dos princípios, pois esses, tal qual as regras jurídicas, são verdadeiramente normas jurídicas, embora de outra espécie.

Essas considerações são de grande importância no campo específico do biodireito, em que a normatividade jurídica representada por regras legais é ainda incipiente, do que se sobressai o papel fundamental dos princípios nessa área. Com efeito, como se verá na segunda parte do trabalho, as disposições legais específicas sobre temas biojurídicos, como a própria manipulação genética humana, são ainda extremamente lacunosas, de modo que a admissibilidade ou não de determinadas práticas implicadas com a vida deverá ser aferida, sobretudo, tomando-se por base os princípios do biodireito, já que as regras jurídicas nesse campo são ainda esparsas e insuficientes.

Além disso, ver-se-á que determinadas regras jurídicas (como a regra que permite o patenteamento de genes humanos em alguns países) poderão ser afastadas em favor da aplicação de princípios jurídicos (como o princípio da dignidade da pessoa humana).

Necessário, portanto, destacar alguns princípios jurídicos que irão orientar as reflexões acerca da manipulação do genoma humano

DIREITO, ÉTICA E BIOSSEGURANÇA 113

na segunda parte do trabalho.

Há que ser destacado, em primeiro lugar, o *princípio da dignidade da pessoa humana*, que certamente não se apresenta como princípio exclusivo do biodireito, mas que, sem dúvida alguma, desempenha nesse campo papel de extrema relevância.

Refletindo sobre o princípio da dignidade da pessoa humana, José Afonso da Silva (2000, p.149 e 146) afirma constituir ele um valor que atrai a realização de todos os direitos humanos, em todas as suas dimensões, revelando-se, ademais, como o valor supremo da democracia, na medida em que a dimensiona e humaniza, eis que a dignidade é atributo intrínseco da pessoa humana, que com ela entranha-se e se confunde.

Isso significa dizer que a dignidade é inerente à pessoa humana, pois sem aquela certamente não haverá *pessoa*, mas mero ser biológico desprovido justamente daquilo que distingue o ser humano dos demais seres animais, isto é, sua identidade, racionalidade e liberdade.

Poder-se-ia dizer que a dignidade da pessoa humana encontra seu fundamento ético-filosófico na igualdade essencial de todos os homens, o que, por sua vez, fundamenta a impossibilidade ética de que homens sejam oprimidos por outros homens.

Essa dignidade fundamental do ser humano é atingida no plano material ou histórico quando se fazem presentes certas condições, isto é, quando o homem tem concretamente satisfeitas suas necessidades vitais básicas, que compreendem necessidades materiais (alimentação, moradia, terra, saúde etc.), necessidades culturais e necessidades espirituais. Sem a satisfação dessas necessidades, o homem reduz-se a um animal biológico, deixa de ser *pessoa* e, com isso, mostra-se violado em sua igualdade essencial com relação aos outros homens.

É por isso que o princípio da dignidade da pessoa humana exerce mesmo, como quer José Afonso da Silva, uma força atrativa com relação a todos os direitos humanos fundamentais, pois esses, em seu conjunto, visam justamente a preservar o *status dignitatis* do ser humano. Sobre ser princípio jurídico, a dignidade da pessoa humana é princípio ético, que necessariamente deve orientar a práxis jurídica comprometida com a libertação do homem de todas as formas de

114 JULIANA ARAÚJO LEMOS DA SILVA MACHADO

opressão e exclusão.

Vem do direito ambiental a afirmação de dois outros princípios de grande relevância para o biodireito em geral, a saber: os *princípios da precaução e da prevenção*. Referidos princípios já são de larga utilização no campo específico do direito ambiental e podem ser suplantados com grande utilidade para a reflexão jurídica acerca dos problemas advindos da aplicação dos resultados da ciência para a vida humana.

Apesar de guardarem considerável semelhança, a doutrina de direito ambiental diferencia o princípio da prevenção do princípio da precaução. Ambos têm aplicação quando a atividade que se pretende desenvolver comporta riscos para a vida ou a saúde humanas, ou para o meio ambiente. No entanto, o *princípio da prevenção* tem aplicação quando, em decorrência da atividade que se pretende realizar, a ocorrência de danos é certa, embora possam ser incertas sua extensão e intensidade. Por isso, o que se busca com a aplicação do princípio da prevenção é prever os danos e evitar sua ocorrência, vale dizer, adotar todas as medidas necessárias a fim de se evitar, na origem, a concretização dos danos, claro que quando isso for possível. Existem danos que, apesar de a ciência conseguir prever com certeza sua ocorrência, não dispõe ela dos meios para evitá-la, caso em que a decisão deverá ser pela não-realização da atividade pretendida.

Impõe-se, assim, que antes da realização da atividade, se façam estudos e se colham informações de modo a prever, antecipadamente, os danos que a atividade comporta, a fim de que sejam evitados, quando isso for possível, e quando não for possível, a fim de que a atividade não seja então realizada. Não se trata, pois, de minimizar os danos, mas de impedir que qualquer dano ocorra.

Já o *princípio da precaução* tem aplicação quando não existe certeza científica quanto à ocorrência de danos, isto é, quando o conhecimento científico disponível sobre a matéria não autoriza concluir, com certeza, sobre o caráter danoso ou não da atividade que se pretende realizar. Aqui, não se tem o pleno domínio de todas as variáveis envolvidas na atividade a ser desenvolvida, pelo que não se é possível afirmar, com certeza, que a atividade comporta a ocorrência de danos, ou, ao contrário, que ela não irá gerar danos. Diante dessa incerteza, o que se busca com o princípio da precaução é minimizar os possíveis (já que

DIREITO, ÉTICA E BIOSSEGURANÇA 115

não descartados) danos que poderão advir da realização da atividade, o que pode implicar, até mesmo, a decisão pela não-realização da atividade até que se obtenha o conhecimento científico suficiente. A adoção desse princípio impede que, diante da ausência de absoluta certeza científica quanto ao caráter danoso da atividade, se decida pela sua realização, assumindo-se o risco e conhecendo-se, *a posteriori*, o dano que a atividade comportava. O princípio da precaução impõe a decisão contrária, ou seja, se não se sabe se a atividade poderá gerar danos, então não se realiza a atividade e aguarda-se o avanço da ciência para que a dúvida seja solucionada.

Os princípios acima apontados serão especialmente importantes na segunda parte do trabalho, pois servirão justamente para fazer o contraponto necessário com a liberdade de pesquisa científica no campo específico do genoma humano. Levando-se em conta a dimensão do *peso* ou *importância* de cada princípio diante de técnicas específicas de manipulação do genoma humano, buscar-se-á solucionar o conflito que se instaura entre a liberdade de investigação científica e a necessidade de se proteger e conservar a vida humana.

PARTE II

DIREITO AO GENOMA HUMANO E PROTEÇÃO ESTATAL

Na Parte I do trabalho, procurou-se, por um lado, compreender as relações que se estabelecem entre a ética, o direito e a ciência e, por outro, empreendeu-se a busca de um referencial ético que pudesse servir de parâmetro para a opção axiológica e a conseqüente decisão no campo da ciência e do direito, ou, mais precisamente, naquele campo do direito que lida com as questões suscitadas pela intervenção da ciência na vida existente no planeta (biodireito). Julgou-se, então, que a Ética da Libertação poderia fornecer critérios materiais para a tomada de decisão no âmbito das intrigantes questões bioéticas, bem como nas questões jurídicas suscitadas por reflexo daquelas, ficando estabelecido, assim, como vetor ético fundamental a orientar tanto o direito quanto a ciência, a libertação do homem de toda e qualquer forma de opressão e exclusão, inclusive na seara científica.

Assentadas, pois, as bases do trabalho, tratar-se-á, nesta Parte II, de analisar a questão da manipulação genética humana. Para isso, em um primeiro momento, serão abordadas as técnicas de manipulação genética humana, analisando-as pelo prisma da biossegurança e de suas implicações éticas. Em um segundo momento, será analisado o *direito ao genoma humano* como um novo direito humano que surgiu justamente em razão da necessidade de proteção do homem diante dos recentes avanços científicos que vieram a proporcionar a possibilidade de intervenção direta no material genético humano. Por fim, em um terceiro momento, será analisada a obrigação do Estado brasileiro na proteção desse novo direito humano, perscrutando-se a matriz constitucional de tal obrigação, os limites e possibilidades da atuação estatal diante do direito de liberdade científica, e os instrumentos de que poderá se valer o Estado para o cumprimento daquela obrigação.

1
Manipulação genética humana

Nota introdutória

"Descobrimos o segredo da vida!". Foi assim que Francis Crick e James Watson anunciaram, no *pub The Eagle*, no *campus* da Universidade de Cambridge, em 7 de março de 1953, a descoberta da estrutura helicoidal da molécula do DNA. O modelo da dupla hélice, publicado na revista científica *Nature* de 25 de abril do mesmo ano, marcou o surgimento de uma nova área científica, que ficou conhecida como *biologia molecular* e que atingiu seu apogeu com o Projeto Genoma Humano. Em verdade, três décadas iriam se passar desde a construção do modelo da dupla hélice até o desenvolvimento da tecnologia que viria a permitir o acesso ao interior da estrutura molecular do DNA, o que efetivamente só ocorreu na segunda metade da década de 1980. Datam dessa época as primeiras pesquisas envolvendo genes responsáveis por doenças humanas, os primeiros projetos de seqüenciamento genético de micro e macroorganismos, e os primeiros desenvolvimentos de alimentos transgênicos (Moura, 2003, p.5).

O surpreendente é que o estilo de compreensão da vida inaugurado pela biologia molecular há cerca de pouco mais de cinqüenta anos estreou também a possibilidade de sua modificação, cunhando-se assim o hoje já difundido termo *engenharia genética*. Nesse meio século de

122 JULIANA ARAÚJO LEMOS DA SILVA MACHADO

pesquisa, a biotecnologia foi capaz de avanços como a produção de plantas e animais transgênicos, a produção em outros animais de proteínas humanas (como a insulina), a fabricação de clones de diversos animais, incluindo mamíferos, o seqüenciamento e mapeamento do genoma de inúmeros seres vivos, incluindo o ser humano etc. Todos esses avanços foram responsáveis por fazer da biologia, sem dúvida alguma, a ciência da segunda metade do século XX e, ao que tudo indica, do século XXI, ocupando assim o lugar que a física ocupara durante toda a primeira metade do século XX. Assim como a física nuclear, com a relatividade e a teoria quântica, representou o mais importante avanço científico da primeira metade do século XX, a biologia molecular, inaugurada com a descoberta da estrutura do DNA, trouxe, para os tempos que se sucederiam, uma ciência inteiramente nova, com avanços até então inimagináveis.

Associada à informática e à matemática, a biologia molecular possibilitou, por um lado, a compreensão dos mecanismos mais intrínsecos da vida e, por outro, abriu inúmeras possibilidades para sua manipulação por meio dos genes – *engenharia genética.*

O termo *engenharia genética* vem sendo usado, metaforicamente, para designar o conjunto das técnicas e procedimentos de manipulação do genoma de seres vivos, tanto animais quanto vegetais. A engenharia genética compreende, portanto, todas as interferências artificiais (provocadas pelo homem) no código genético das diversas formas de vida existentes no planeta, seja pela manipulação direta de genes e cromossomos – alterando-se a carga genética, pela supressão e/ou introdução de genes, ou pela recombinação do material cromossômico – seja pela manipulação das células responsáveis pela perpetuação das características genotípicas de cada espécie (células germinativas).

A idéia de engenharia genética envolve, pois, a manipulação do DNA tanto de animais quanto de vegetais, cobrindo um amplo campo da produção científica recente, que abrange desde a obtenção de organismos geneticamente modificados, ou seres "transgênicos", até a produção artificial de clones animais e vegetais.

O presente trabalho restringir-se-á ao estudo da engenharia genética humana; ou seja, das técnicas e procedimentos de manipulação do

DIREITO, ÉTICA E BIOSSEGURANÇA 123

material genético humano, centrando-se a análise na técnica da clonagem humana, reprodutiva e terapêutica, e nas técnicas de alteração do código genético humano.

Assim, neste capítulo, serão analisadas as técnicas aqui indicadas, buscando-se compreender em que consiste cada uma e quais as implicações que elas acarretam no campo da ética e da biossegurança.

Clonagem humana

Clonagem

Clone é uma palavra que vem do grego *klon*, que significa broto, e foi criada para designar indivíduos que se originam de outros por reprodução assexuada, bastante comum entre vegetais. O mesmo processo é utilizado pela natureza para a criação de gêmeos univitelinos ou monozigóticos, os quais se originam do mesmo ovo (ou zigoto), portanto, por um processo de reprodução que não envolve as células sexuais (gametas). O clone compartilha do mesmo código genético do ser do qual se origina, vez que o processo de reprodução pelo qual é obtido não envolve a recombinação de material genético proveniente de seres distintos. E os clones, como se percebe, estão entre nós há muito tempo; a natureza fabrica-os há milhares de anos. E também não é de hoje que o homem tenta, artificialmente, reproduzir esse curioso fenômeno da natureza (Os clones..., 2002, p.2).

Datam do final do século XIX as primeiras experiências científicas destinadas a produzir clones de animais. Em 1894, o zoólogo alemão Hans Dreisch, trabalhando com ouriços-do-mar, conseguiu obter o primeiro clone animal por interferência artificial do homem: ele sacudiu, em um recipiente cheio de água do mar, um embrião de duas células e conseguiu que elas se separassem, dando origem, cada qual, a um ouriço distinto. Experiências semelhantes repetiram-se até 1951, quando pesquisadores da Filadélfia, Estados Unidos da América, conseguiram clonar um embrião de sapo, só que se valendo de uma técnica distinta, a transferência de núcleo, então utilizada pela primeira vez: eles pega-

124 JULIANA ARAÚJO LEMOS DA SILVA MACHADO

ram o núcleo de uma célula embrionária e o transplantaram para um óvulo anucleado e não fertilizado; a partir do momento em que o óvulo "detectou" que possuía uma carga cromossomial completa, ele iniciou um processo de divisão celular, até tornar-se um indivíduo adulto. A técnica da transferência nuclear continuou sendo utilizada nos anos que se seguiram, dando origem a diversos clones de animais, incluindo alguns mamíferos, como vacas e ovelhas, mas sempre se utilizando, para a transferência, o núcleo de células embrionárias. O cenário da clonagem assim permaneceu até que o escocês Ian Wilmut, do Instituto Roslin, de Edimburgo, Escócia, no ano de 1996, conseguiu a proeza de clonar um animal a partir de uma célula adulta (Os clones..., 2002, p.2-3).

O nascimento da ovelha Dolly, em 5 de julho de 1996, significou o rompimento de uma fronteira da ciência, já que, até sua vinda, não se acreditava na possibilidade de clonar indivíduos utilizando-se de células diferenciadas de um adulto. A clonagem de embriões era uma técnica de relativa simplicidade, vez que qualquer célula embrionária é uma célula indiferenciada (célula totipotente ou célula-tronco), capaz de se transformar em qualquer célula de um indivíduo adulto, ou mais propriamente, capaz de gerar, por sucessivas divisões celulares, um indivíduo adulto. Ocorre que, em algum momento durante o desenvolvimento embrionário, essas células totipotentes especializam-se, isto é, diferenciam-se, tornando-se uma dos vários tipos de célula do organismo, em um processo que se considerava irreversível. Daí a grande euforia gerada com o nascimento de Dolly, já que a equipe do escocês Ian Wilmut conseguira o fato impensado de fazer que uma célula adulta, diferenciada, voltasse a se comportar como uma célula totipotente, indiferenciada. O procedimento utilizado foi o seguinte: os pesquisadores pegaram uma célula mamária de uma ovelha da raça Finn Dorset e colocaram-na junto com um óvulo infertilizado de uma ovelha da raça Scottish Blackface, do qual se havia previamente retirado o núcleo; uma corrente elétrica fez que as duas células se fundissem, e uma segunda corrente elétrica simulou a explosão de energia de uma fertilização natural, dando início à divisão celular; após seis dias, o embrião resultante foi colocado no útero de outra ovelha da raça Scottish Blackface, e ao final do período de gestação, a

DIREITO, ÉTICA E BIOSSEGURANÇA 125

ovelha escura deu à luz um filhote branco, da raça Finn Dorset, com material genético idêntico ao da ovelha doadora da célula mamária (Os clones..., 2002, p.3-4; Zatz, 2002, p.8-9).

Não resta dúvida de que a proeza alcançada pelo Instituto Roslin com o nascimento da ovelha Dolly significou mesmo um marco na história da genética. No entanto, o fascínio despertado em torno dessa conquista científica veio acompanhado de uma enorme especulação científica e midiática sem muito embasamento na realidade, haja vista que as dificuldades que envolveram a produção de Dolly, e que depois se sucederam ao seu nascimento, ficaram camufladas pela euforia então suscitada pelo inusitado experimento científico. Tudo indicava que o passo seguinte seria a clonagem do ser humano, e, no entanto, pelo menos até onde se sabe, referido intento ainda não foi realizado e, talvez, nunca venha a sê-lo.

É importante destacar que o processo que resultou no nascimento de Dolly é muito mais difícil e complexo do que pode parecer. Para se chegar à famosa ovelha, os pesquisadores formaram 277 ovos reconstruídos, os quais exigiram quatrocentos óvulos infertilizados de ovelhas doadoras. Daqueles 277 ovos, apenas 29 se tornaram aptos para implantação no útero de treze ovelhas, e apenas uma gerou a cria que sobreviveu até a fase adulta. Até a chegada de Dolly, vários fetos morreram durante a gestação e muitos filhotes não sobreviveram ao nascimento, alguns apresentando sérias anomalias. Além disso, nas experiências que se seguiram ao evento Dolly, constatou-se que clones de animais tendem a desenvolver a chamada *síndrome do filhote grande*, dando origem a seres maiores que os normais, com problemas no coração, pulmão, fígado, o que provavelmente ocorre porque a reprogramação do núcleo da célula adulta, quando transferido, não é completa.

A própria ovelha Dolly veio a falecer prematuramente, sofrendo de envelhecimento precoce, com quadro de artrite no quadril e joelhos, o que não era para ocorrer com uma ovelha com poucos anos de vida. O envelhecimento precoce de Dolly veio a despertar outra preocupação com animais clonados, já que esses são originados a partir de uma célula adulta, e não de um embrião, como acontece nos processos naturais de reprodução (Os clones..., 2002, p.4-5),

126 JULIANA ARAÚJO LEMOS DA SILVA MACHADO

o que faz que os telômeros (as extremidades dos cromossomos que diminuem de tamanho com o envelhecimento celular) se apresentem encurtados em diversos desses animais, dando origem a problemas típicos de indivíduos velhos (Zatz, 2002, p.10).

Outra dificuldade no processo de clonagem de animais diz respeito aos genes de *imprinting*, os quais sofrem uma expressão diferente de acordo com a origem parental. Hoje se sabe que alguns genes ficam normalmente silenciados (inativos) e que esse processo de silenciamento depende da procedência parental do gene (materna ou paterna), e sabe-se também que algumas doenças genéticas são ocasionadas justamente porque o embrião, em vez de receber apenas uma cópia silenciada do gene, por um erro genético, acaba recebendo duas cópias (dois genes de um só genitor, e nenhum do outro, que deveria fornecer a cópia funcional). Ora, no caso de um clone, como o material genético é todo recebido de um só indivíduo, certamente aparecerão doenças relacionadas a esses genes de *imprinting*, que se estima sejam em torno de trinta no genoma humano (Zatz, 2002, p.11; McLaren, 2002, p.19).

Inúmeras são, pois, as dificuldades que envolvem a produção de clones e, mais sério do que isso, os problemas que costumam aparecer durante o desenvolvimento desses animais. Apesar disso, a ciência vem avançando e caminhando no rumo da superação de diversos daqueles obstáculos. Depois do nascimento da ovelha Dolly, surgiram, no mundo todo, clones dos mais variados animais (bezerros, cabras, camundongos, porcos, gatos);[1] no entanto, é digno de nota ressaltar que até muito pouco tempo atrás não havia notícia da clonagem de um primata, intento esse que, segundo alguns, talvez nunca viesse a ser alcançado. Recentemente, porém, no ano de 2007, nos Estados Unidos da América, o pesquisador Shoukhrat Mitalipov conseguiu clonar ma-

---

1 No Brasil, no ano de 2001, nasceu o primeiro clone animal do país, a bezerra Vitória, da raça simental, obtida a partir de célula de um embrião bovino de cinco dias, produzida pela equipe de Rodolfo Rumpf, coordenador do projeto de biotecnologia de reprodução animal da Embrapa. Depois de Vitória, equipes da USP e da Unesp produziram outros clones bovinos, Marcolino (abril de 2002) e Penta (julho de 2002), respectivamente. Penta foi o primeiro clone brasileiro obtido a partir de uma célula de adulto.

DIREITO, ÉTICA E BIOSSEGURANÇA 127

cacos resos a partir de células adultas, usando a técnica de transferência nuclear. Esse fato revela que, apesar das dificuldades, os cientistas vêm se empenhando em romper as barreiras do conhecimento, e experiências vêm sendo feitas no intuito de se viabilizar a clonagem humana, e seria bom que a sociedade estivesse preparada para enfrentar a questão, caso um dia, em algum lugar, fosse anunciado o surgimento da "Dolly humana". Ainda assim, se é fato que a clonagem reprodutiva humana parece algo um tanto distante das atuais possibilidades da ciência, o mesmo não se pode dizer da clonagem terapêutica, expressamente permitida ou simplesmente não proibida em diversos países. Segue-se, pois, um estudo da clonagem humana.

Clonagem reprodutiva humana

É sabido que o processo natural de reprodução dos seres humanos é um processo sexuado, que envolve a união dos gametas masculino e feminino (células sexuais), dando origem a um ovo ou zigoto, que constitui o primeiro estágio do desenvolvimento embrionário. O genoma humano é composto por 46 cromossomos, os quais carregam cerca de vinte mil genes. Assim, as células somáticas (todas as células de nosso organismo, com exceção das células sexuais) têm 23 pares de cromossomos, cada par oriundo de um genitor (pai e mãe). Desses, 22 pares são iguais em ambos os sexos, chamados de autossomos, e um par é composto de cromossomos sexuais (XX no sexo feminino e XY no sexo masculino). Um novo ser humano é gerado pela fusão das células sexuais, óvulo e espermatozóide, cada uma com 23 cromossomos, dando origem a um embrião com 46 cromossomos (ou 23 pares de cromossomos), o qual herda material genético em proporções equivalentes do pai e da mãe.

O que se pretende com a clonagem reprodutiva humana é justamente romper com esse processo natural de reprodução (sexuada), introduzindo artificial e deliberadamente a reprodução assexuada na espécie humana, dando origem a indivíduos com material genético idêntico ao daquele que fosse clonado. Dessa forma, o clone humano teria seus 46 cromossomos oriundos de um único indivíduo.

As técnicas que se começam a ensaiar para a clonagem de seres humanos são duas: uma é justamente aquela que foi utilizada na produção da ovelha Dolly, consistente na fusão, com o uso de descarga elétrica, de uma célula somática inteira com um óvulo do qual foi retirado o núcleo (e, portanto, seu material genético); a outra técnica consiste em retirar o núcleo (material genético) de uma célula somática originada de um embrião, feto ou adulto, e introduzi-lo em um óvulo anucleado. Essas duas técnicas vêm sendo indistintamente chamadas de "transferência de núcleo".

É sabido também que a própria natureza produz clones humanos, por um processo natural em que o embrião, ainda com poucas células, todas totipotentes, se parte, dando origem a dois ou mais embriões, todos com o mesmo material genético do original, gerando os gêmeos univitelinos ou monozigóticos. Assim, imitando a natureza, uma terceira técnica de clonagem humana poderia ser aventada, caso em que se estimularia artificialmente um embrião a se bipartir. Essa técnica, chamada por alguns de *clonagem celular*, e utilizada de maneira rotineira em roedores, bovinos e outros animais, envolveria a manipulação de embriões humanos e seria capaz de originar clones de um embrião originário, isto é, gêmeos univitelinos por estimulação artificial.

Certamente, a técnica que mais desperta interesses e preocupações é a primeira, aquela que foi utilizada na geração de Dolly, justamente porque essa técnica abre a possibilidade de "cópia" de um indivíduo adulto.

Desde já é importante destacar, no entanto, que um novo ser humano só seria obtido a partir das técnicas acima indicadas, caso aquele zigoto, artificialmente produzido em laboratório, fosse implantado no útero de uma mulher, e este é justamente o ponto que distingue a clonagem reprodutiva humana da clonagem terapêutica, como se verá adiante.

Por isso, a manchete que circulou nos jornais do mundo todo no dia 26 de novembro de 2001, fazendo crer que a ficção científica enfim se tornara realidade, não deveria ter causado tanto impacto. De fato, o anúncio de que um laboratório dos Estados Unidos da América havia produzido o primeiro clone humano não passara de exagero midiático, que seria amenizado logo nas primeiras linhas da matéria: a Advanced Cell Technology, empresa de Massachusetts, havia obtido um

DIREITO, ÉTICA E BIOSSEGURANÇA 129

"embrião humano" utilizando uma técnica de clonagem semelhante à que criara a ovelha Dolly, mas ele não passara de um aglomerado de seis microscópicas células vivas apenas por algumas horas. O objetivo da experiência, segundo os pesquisadores, era obter células-tronco embrionárias a fim de serem usadas em terapias, e não produzir um clone humano, já que aquele aglomerado de células, caso tivesse tido um tempo maior de vida, não seria jamais implantado em um útero materno (Os clones..., 2002, p.2). Logo, o que se visava com o experimento era a clonagem terapêutica, e não reprodutiva.

Como já ressaltado, a clonagem de qualquer animal não é um processo simples, envolvendo, isto sim, uma série de obstáculos que podem tanto abortar o processo desde seu início (as 276 "Dollies" que não deram certo), quanto impedir o desenvolvimento embrionário ou fetal do novo indivíduo, ou ainda, acarretar sua morte precoce ou uma vida com sérios distúrbios. Existe, portanto, uma série de dificuldades técnicas que impedem se pensar na clonagem humana como uma técnica pronta para ser usada, de modo que toda a especulação em torno do tema, quando se pensa nos possíveis clones humanos (aqueles que, no mínimo, sobrevivam até o nascimento), é uma especulação que se projeta para o futuro, isto é, quando e se a ciência conseguir superar os obstáculos hoje presentes para uma bem-sucedida clonagem de seres humanos. No atual estágio em que se encontra a ciência, a clonagem reprodutiva humana é barrada mais pela técnica do que pela consciência. Isso não afasta, porém, a necessidade de se refletir acerca dos aspectos éticos e dos riscos para a biossegurança que a técnica, apesar de ainda em fase de experimentação, suscita. É do que se cuidará a seguir.

Clonagem reprodutiva humana: aspectos éticos e biossegurança

Quais os reais problemas éticos que a clonagem de seres humanos suscita? Talvez fosse bom, de início, seguindo as pegadas do filósofo Renato Janine Ribeiro (2002, p. 21), colocar a pergunta de se quando se critica um avanço científico em nome da ética, não se está correndo o risco de ser tão preconceituoso, com relação ao novo, como o foram os que condenaram Da Vinci pela anatomia, Freud pela sexualidade infantil, ou mesmo Patrick Steptoe e Robert Edwards pelo primeiro bebê de proveta. Será que a discussão ética da clonagem humana está à altura do avanço científico que ela representa? Ribeiro (2002, p. 21) alerta para o fato de que uma das crenças básicas da sociedade atual é que a ciência progrida sempre, sem cessar, ao passo que a ética seria algo estático, que não muda com o passar do tempo. Em verdade, como já ressaltado na primeira parte deste trabalho, essas visões – da ciência e da ética – amparam-se no mito do cientificismo forjado no âmbito do conceito moderno de ciência, e na idéia de universalidade e a-historicidade que tem impregnado as correntes tradicionais da ética. No entanto, como visto, tanto os poderes da ciência começam a ser desmitificados quanto, por sua vez, começa a se ter a consciência de que a ética, porque pautada por valores que surgem no seio do processo histórico, também tende a se modificar com o passar do tempo. Por isso, de início, não se pode descartar por completo a hipótese de que um dia a clonagem reprodutiva humana venha a ser aceita do ponto de vista ético. Daí a advertência de Ribeiro (2002, p.21): "assim como a ciência, a ética pode mudar, desde que se respeite o direito do outro à igualdade – e à diferença".

O fato é que a possibilidade, ainda que distante, de clonagem de seres humanos vem suscitando alguns incômodos na consciência de todos aqueles que se propõem a pensar sobre o tema. Necessário, pois, refletir sobre os problemas éticos que hoje a clonagem humana suscita.

Diante das dificuldades técnicas colocadas pela experiência de clonagem humana, o menor problema que pode aparecer é que o possível clone humano não chegue sequer a nascer (as 276 Dollies que deram errado); e o pior é que a 277ª Dolly humana, aquela que chegue a nascer, venha a ter uma vida desgraçada, de doenças e degenerações (Ribeiro, 2002, p.22). Ora, nas experiências de clonagem de animais, não são poucos os casos de clones que precisam ser sacrificados em decorrência de má-formações ou outros distúrbios genéticos que impossibilitam seu desenvolvimento ou que impõem ao animal uma vida de grande sofrimento físico. Nesses casos, fica sempre latente a pergunta: o que deveria ser feito se se tratasse de um ser humano? Logo, na atualidade, diante dos obstáculos que a própria técnica impõe à clonagem de seres humanos, não resta dúvida de

DIREITO, ÉTICA E BIOSSEGURANÇA 131

que a geração de seres humanos com enormes possibilidades de virem a desenvolver doenças genéticas é um problema ético insuperável.

A questão que, no entanto, se coloca é: se, algum dia, esses problemas de ordem técnica forem superados, a clonagem reprodutiva humana deverá ser aceita do ponto de vista ético? Caso, no futuro, a ciência consiga garantir total segurança nos processos de clonagem humana, com a geração de clones inteiramente saudáveis, será ela eticamente aceitável?

A primeira objeção ética que sempre é levantada com relação à clonagem reprodutiva humana é que a técnica possibilitaria a criação de pessoas "iguais", "repetidas", "cópias" de uma outra, o que ofenderia o valor ético da individualidade e irrepetibilidade de cada ser humano. É de reconhecer que essa preocupação se assenta na idéia do *determinismo genético*, pelo qual o destino dos seres humanos estaria em seus genes, isto é, o ser humano reduzir-se-ia a seu genótipo. Um ser oriundo de processo de clonagem, porque apresentaria material genético idêntico ao do ser provedor do DNA, estaria fadado a uma vida repetida, sem singularidade e sem autenticidade.

Ora, esse tipo de argumento não se sustenta quando se pensa que, em verdade, o ser humano, fisicamente, é o resultado da interação do seu genótipo com o meio ambiente; psicologicamente, é um *indivíduo* no sentido mais literal da palavra, isto é, sua identidade psicológica será sempre una e irrepetida; e, pelo prisma de sua condição existencial de vida, não resta dúvida de que cada ser humano encerra em si uma experiência totalmente una e originária, que é o resultado de suas escolhas, opções, decisões e, sobretudo, de suas ações. Logo, a técnica da clonagem humana jamais seria capaz de originar pessoas idênticas, repetidas. Basta pensar no caso dos gêmeos monozigóticos: eles têm, praticamente,[2] o mesmo material genético (genótipo), mas a aparência

---

2   Os genótipos dos gêmeos monozigóticos são, em regra, idênticos, mas, em razão de alterações no material genético (mutações), que podem ocorrer em qualquer processo de reprodução assexuada, eles podem vir a apresentar pequenas variações (Beiguelman, 2001). Isso também poderia ocorrer nos processos de clonagem artificial humana, de modo que, até mesmo geneticamente, o clone e o ser clonado, poderiam, eventualmente, apresentar alguma diferença.

física (fenótipo) é apenas semelhante, além do que apresentam individualidade psicológica e de experiência de vida. O mesmo ocorreria com um possível clone humano, que, segundo alguns, nada mais seria do que um irmão gêmeo tardio daquele que foi clonado.

Se a clonagem não seria mesmo eficaz para produzir seres humanos idênticos, qual o real problema ético que ela encerra? Por que a clonagem deveria ser proibida ou limitada por razões de ordem ética?

O professor da Faculdade de Ciências Médicas da Unicamp Bernardo Beiguelman (2001) considera que, uma vez superados os obstáculos técnicos à clonagem humana, e sendo certo que o ser humano é muito mais do que meramente seu genótipo, não haveria razões para, em situações especiais, não se aplicar a técnica à espécie humana, que então seria apenas mais uma dentre as diferentes técnicas de reprodução assistida, e com vantagens em relação à fertilização assistida, já que essa, em casos de esterilidade masculina, emprega espermatozóides de doadores estranhos. Sob esse aspecto, a clonagem humana seria uma técnica a ser utilizada com vantagens nos casos em que o pretenso pai seja estéril, posto que, sem depender de gametas masculinos, garantiria a esse homem o direito de procriar sem ter de recorrer a doadores de espermatozóides.

Nesse sentido, Hogemann (2003, p.155), citando Glenn McGee e Ian Wilmut, ressalta que os reflexos da clonagem humana podem ser apreciados, dentre outros enfoques, pelo prisma do "modelo da liberdade de reprodução", pelo qual se afirma a liberdade das pessoas de escolherem ou não ter filhos e, em caso positivo, a liberdade de utilizar as novas formas de reprodução assistida, o que levaria à admissão de reprodução por meio de clonagem.

Refletindo sobre as questões éticas suscitadas pela clonagem humana, Ribeiro (2002, p.22-4) entende que só seria correto limitá-la para que não prejudique outros seres humanos, e o possível prejudicado seria, obviamente, o clone, o ser por se gerar. Ora, adverte Ribeiro, o clone pode mesmo ser muito prejudicado, pois ao tentar o homem ampliar seu poder sobre o mundo e sobre a natureza clonando um filho, "como fica o respeito devido a este?"; "quem clona um filho não está tentando bloquear todas as coordenadas de uma vida que deveria

DIREITO, ÉTICA E BIOSSEGURANÇA 133

ser livre?"; "e o que será quando der errado isso?". O filósofo conclui: "todo ser humano deve ter respeitado seu direito a ser ele próprio".

É verdade que não existe determinismo genético, "um ser não é só a sua genética, é também sua educação", e é daí que surgem os reais problemas éticos da clonagem, pois qual seria a diferença essencial entre controlar geneticamente o perfil de um filho, e controlá-lo educacionalmente; entre determinar quais serão os traços naturais da criança, e quais serão seus traços culturais? Segundo Ribeiro, a questão ética de fundo é a mesma: "como fazer que o narcisismo não prevaleça sobre o respeito ao outro". Por isso, para o filósofo da USP, "a chave de uma ética atual só pode ser um respeito intenso ao outro"; trata-se de "reconhecer o direito à igualdade e – curiosamente – o direito à diferença". Então, caberia perguntar: no caso de um clone humano, não estaria ele sendo desrespeitado em seu direito à igualdade, isto é, em seu direito de ser concebido da mesma maneira que os demais seres humanos, constituindo-se numa "cópia" apenas parcial de cada um de seus genitores? E também não estaria ele sofrendo uma violação em seu direito à diferença, mesmo que seja simplesmente em sua diferença genética? Ora, todo ser humano tem o direito de ser ele próprio, inclusive geneticamente, vale dizer, cada pessoa tem direito a uma vida livre inclusive no aspecto genético.

Na mesma linha, coloca-se o pensamento do filósofo alemão Jürgen Habermas acerca da clonagem reprodutiva de seres humanos. Segundo Habermas (2001, p.209-20), a clonagem violaria a reciprocidade fundamental entre os seres humanos, vez que o clone seria fruto de um processo geneticamente controlado, ao passo que o ser clonado não. Claro que o que está em jogo não é a produção de seres humanos idênticos ou repetidos – "a pessoa clonada teria decerto, como todas as outras, a liberdade para proceder ao longo da sua história de vida" –, mas sim o respeito ao direito que cada pessoa tem de ter seu patrimônio genético determinado aleatoriamente, fruto da *alea*, do acaso, do encontro não programado e não controlado dos genótipos de dois indivíduos (o pai e a mãe), o que redunda, em última instância, em uma questão de *autonomia*. Isso porque, para o clone, "esses dados do nascimento [...] não representariam mais condições casuais, mas sim o resultado de uma ação proposital". A clonagem humana, segundo Habermas, criaria uma situação semelhante à da *escravidão*, que "é uma relação jurídica e significa que uma pessoa dispõe de uma outra como da sua propriedade", o que é "incompatível com os conceitos constitucionais vigentes hoje em dia de direitos humanos e de dignidade humana". Ora, na clonagem, haveria verdadeiramente uma situação de *escravidão*, já que o código genético de uma pessoa seria predeterminado por outra, isto é, uma situação de subjugação da identidade genética de uma pessoa à outra, quando então essa identidade ficaria arbitrariamente suprimida. E é justamente isso o que diferencia o caso das pessoas clonadas intencionalmente do caso dos gêmeos univitelinos, pois, como diz o filósofo, "o problema não é a semelhança das partes provenientes de uma mesma célula, mas sim a usurpação e a subjugação".

A clonagem poderia, pois, conduzir à violação da igualdade fundamental existente entre todos os seres humanos e, com isso, representaria uma afronta à dignidade essencial da pessoa humana. Criar-se-ia, assim, uma situação em que homens seriam oprimidos por outros homens, justamente pela usurpação da igualdade essencial presente entre os membros da humanidade, na qual a identidade genética é livre e não predeterminada.

Sob o enfoque da biossegurança, há que averiguar quais os riscos para a vida e a saúde que a clonagem humana pode acarretar tanto para as pessoas diretamente envolvidas no processo (aquela que será clonada e o possível clone) quanto para toda a espécie humana.

Para a pessoa provedora do DNA, aquela cujo código genético será copiado, a potencialidade danosa da técnica é praticamente inexistente. Para o possível clone, foi visto que no atual estágio em que se encontra a ciência, a aplicação da técnica da clonagem pode trazer, como risco mínimo, que ele sequer chegue a nascer, e como risco máximo, que ele, nascendo, tenha uma vida seriamente comprometida por doenças genéticas e degenerativas, má-formações, envelhecimento precoce e tantos outros distúrbios ainda não totalmente previsíveis nas clonagens de animais. Mas, também aqui, tal qual na reflexão ética suscitada pela clonagem, o que se coloca é: uma vez superados

DIREITO, ÉTICA E BIOSSEGURANÇA 135

os obstáculos de ordem técnica e sendo possível a produção de clones humanos saudáveis, subsistirá, ainda assim, alguma espécie de risco para a biossegurança?

A geneticista Mayana Zatz (2002, p.11-12), coordenadora do Centro de Estudos do Genoma Humano, alerta para o fato de que o processo de formação de gametas e fertilização natural na reprodução humana sexuada pode desempenhar um papel crucial na proteção da espécie humana contra mutações deletérias (prejudiciais). A geneticista explica que nossos genes sofrem mutações espontâneas o tempo todo, que ocorrem durante a replicação do DNA, antes da divisão celular. Entretanto, como a maioria de nossas células somáticas se divide continuamente, essas mutações, quando são prejudiciais, tendem a ser eliminadas nas posteriores divisões celulares. Além disso, se a mutação ocorre em um gene sem expressão em um tecido, ela permanecerá neutra. Ora, se essa mesma mutação ocorresse em um ovo gerado pela transferência de carga genética de uma célula somática para um óvulo, que é o que ocorre na clonagem, ela se espalharia por todos os tecidos do possível clone.

Outro fato importante é que no processo de reprodução natural, os espermatozóides sofrem uma tremenda seleção no momento da fertilização, além do que é só no momento seguinte ao da fertilização pelo espermatozóide que o óvulo completa seu processo de divisão celular (meiose), transformando-se em um óvulo maduro. E existem fundados indícios de que todo esse processo envolvido na fertilização natural (seleção de espermatozóides e fechamento do ciclo meiótico do óvulo) protege a espécie humana contra mutações deletérias. A clonagem humana, portanto, poderia quebrar essa proteção natural à ocorrência de mutações prejudiciais para a espécie humana.

É verdade que mutações indesejadas também podem ocorrer no processo de fertilização natural, no entanto, como alerta Beiguelman (2001), todo processo de reprodução assexuada, como é o caso da clonagem, envolve maiores probabilidades de ocorrência de mutações, o que não poderia ser subtraído à informação daqueles que, porventura, se candidatassem a esse tipo de reprodução. De qualquer modo, o fato é que a utilização da técnica da clonagem poderia, sem dúvida alguma,

136 JULIANA ARAÚJO LEMOS DA SILVA MACHADO

potencializar os riscos de mutações deletérias transmissíveis a toda a espécie humana.

Aqueles que defendem a clonagem humana como apenas mais uma técnica de reprodução assistida argumentam que a fertilização *in vitro*, quando iniciada há vinte anos, também despertou preocupações em torno de sua segurança, não tendo sido poucos os que, na época, cogitaram da ocorrência de mutações deletérias e de doenças genéticas que deveriam decorrer do emprego da técnica, cogitações estas que o tempo tratou de infirmar. No entanto, como bem ressaltado por Zatz (2002, p.12-13), uma diferença crucial separa a clonagem humana da fertilização assistida: nessa, utilizam-se as células sexuais, o óvulo e o espermatozóide, que foram programadas para a função reprodutiva e passaram pelo processo da gametogênese (formação de gametas) e da meiose, e a técnica apenas facilita o encontro do óvulo e do espermatozóide; já a clonagem reprodutiva humana pressupõe o uso de células somáticas, que não foram programadas para gerar um novo ser humano. Desse modo, por mais que a ciência avance, nunca se poderá eliminar totalmente o risco de que a célula somática não se reprograme inteiramente, isto é, seu retorno à condição de célula totipotente (indiferenciada), porque artificial, nunca será totalmente seguro, haja vista que a célula somática, por natureza, não tem a função de gerar um novo indivíduo.

Por fim, deve-se destacar o risco de homogeneização que a utilização em larga escala da clonagem poderia trazer para a espécie humana, quebrando, talvez, um de seus maiores mecanismos de proteção natural: a biodiversidade. É sabido que a quase imemorial sobrevivência da espécie humana, sua capacidade de adaptação e sua resistência a fatores patogênicos devem-se, em grande medida, a sua variabilidade genética, oriunda da combinação casual dos genes dos progenitores. Apesar da enorme semelhança genética existente entre os seres humanos, da ordem de 99,9%, é justamente a sutil diferença de 0,1% que é responsável por nossa fabulosa diversidade (Dias Neto, 2003, p.17), e essa diferença advém do processo de recombinação de códigos genéticos que se dá na fertilização natural, com o encontro do óvulo e do espermatozóide. Ora, a clonagem, ao repetir o código genético do

DIREITO, ÉTICA E BIOSSEGURANÇA **137**

ser clonado, suprimiria essa fonte natural da biodiversidade humana, com sérios riscos para uma redução de nossa variabilidade genética e, em conseqüência, para a própria sobrevivência da espécie.

A propósito, Beiguelman (2001) explica que quando um indivíduo é suscetível a um microrganismo causador de uma doença, seu clone apresentará, via de regra, a mesma suscetibilidade; em sendo a técnica utilizada sucessivamente, e caso se trate de uma doença letal, todos os indivíduos originados daquele primeiro seriam dizimados. Claro que esse risco só ocorreria se a técnica fosse utilizada em grande escala, o que, conforme acredita o professor da Unicamp, não aconteceria na espécie humana, porque a maioria dos indivíduos iria continuar preferindo o método clássico e agradável de reprodução. De qualquer forma, como se trata de avaliar todos os riscos que a técnica pode oferecer, não se pode descartar, para o futuro, que muitas vezes foge a nossa capacidade de previsão, o risco de homogeneização apontado.

Clonagem terapêutica humana

A técnica da clonagem terapêutica difere pouco daquela usada na clonagem reprodutiva humana. Na verdade, o que diferencia os dois procedimentos é a finalidade de cada um deles, o que os leva a rumos distintos.

Na clonagem terapêutica, valendo-se da mesma técnica de transferência nuclear, o óvulo que foi "fecundado" pelo núcleo da célula somática, em vez de ser implantado em um útero, é cultivado em laboratório, a fim de que ele se divida e sirva de fonte de células totipotentes ou células-tronco (do inglês *stem cells*). Essas células, por serem indiferenciadas, têm a capacidade de se transformar em qualquer célula do corpo humano, de modo que poderiam ser usadas em procedimentos de terapia celular ou para fabricar diferentes tecidos e/ou órgãos em laboratório, abrindo amplas possibilidades terapêuticas para o tratamento de doenças graves como as cardiopatias, câncer, doenças auto-imunes, disfunções neurológicas, distúrbios hepáticos e renais, osteoporose, traumas da medula óssea etc. (Buchalla & Pastore, 2004, p.86).

138 JULIANA ARAÚJO LEMOS DA SILVA MACHADO

Segundo Zatz (2002, p.13), a grande importância da clonagem terapêutica deve-se ao fato de que até pouco tempo atrás só se conseguia cultivar em laboratório células iguais às do tecido de que haviam sido retiradas. Assim, células da pele, quando cultivadas em laboratório, obviamente só dariam origem a outras células epiteliais; o mesmo se diga de células do sangue, e assim por diante. Mas as células-tronco, se tiverem sua multiplicação em laboratório devidamente conduzida, podem se transformar em células de qualquer tecido do corpo humano.

Isso explica o alarde da empresa norte-americana Advanced Cell Technology quando anunciou, em 2001, a produção em laboratório do primeiro clone humano com finalidade terapêutica, experiência essa que, infelizmente, não foi totalmente bem-sucedida, haja vista que o "embrião" parou de se dividir quando tinha apenas seis células; não era, na verdade, um embrião humano, mas um conjunto de poucas células produzidas por partenogênese (indução de um óvulo a se dividir).

Recentemente, reavivando o debate sobre clonagem terapêutica, a revista científica norte-americana *Science*, em sua edição *on-line* de 12 de fevereiro de 2004, anunciou que uma equipe sul-coreana havia conseguido, com sucesso, usando a técnica da transferência de núcleo somático, a clonagem de trinta embriões humanos (Pivetta, 2004), e em 2005 a mesma revista publicou outro trabalho da equipe sul-coreana, pelo qual os cientistas teriam conseguido cultivar em laboratório embriões humanos, deles se extraindo onze linhagens de células-tronco embrionárias. Posteriormente, veio à tona a comprovação de que ambos os trabalhos haviam sido fraudados.

O primeiro avanço real no campo da clonagem terapêutica humana só ocorreu em janeiro de 2008, quando um grupo de cientistas norte-americanos da empresa Stemagen, da Califórnia, conseguiu obter o primeiro embrião humano clonado a partir de uma célula adulta. O trabalho foi publicado na revista *Stem Cell* e consistiu na obtenção de cinco clones, um deles com autenticidade atestada por um centro de pesquisa independente, usando-se técnica semelhante àquela foi utilizada na produção da ovelha Dolly (transferência de núcleo). Porém, os pesquisadores da Stemagen não conseguiram obter nenhuma linhagem de células-tronco embrionárias (Grupo faz o primeiro clone..., 2008, p.A13).

DIREITO, ÉTICA E BIOSSEGURANÇA **139**

O próximo avanço a ser perseguido pela ciência nesse campo é, portanto, a obtenção de linhagens de células-tronco a partir de um clone embrionário humano, feito esse ainda não alcançado. No entanto, é de reconhecer que o experimento da empresa Stemagen, o primeiro a obter sucesso na produção de clones para finalidade terapêutica, revelou que a ciência vem avançando nessa área da manipulação genética e que resultados promissores poderão advir de pesquisas desse teor.

O que se pretende com a clonagem terapêutica não é, portanto, como já foi erroneamente divulgado, o desenvolvimento do feto até alguns meses dentro do útero para depois se lhe retirarem os órgãos, mas sim o cultivo em laboratório de células indiferenciadas que jamais seriam implantadas em um útero.

A clonagem terapêutica funcionaria, assim, como uma fonte alternativa de células para a chamada *terapia celular*, cujo princípio, segundo Zago (2002, p.15), é simples: "restaurar a função de um órgão ou tecido, transplantando novas células para substituir as células perdidas pela doença, ou substituir células que não funcionam adequadamente devido a um defeito genético". Assim, explica Zago, as células-tronco, indiferenciadas, poderiam ser injetadas na circulação ou diretamente no local da lesão, a fim de que se diferenciem em células especializadas daquele tecido ou órgão danificado, substituindo as células defeituosas ou destruídas. Só que para isso é necessário que se disponha de uma fonte abundante de células-tronco.

Como obter tais células? Uma primeira fonte é o embrião, já que esse, no início de seu desenvolvimento, pouco depois da fecundação do óvulo pelo espermatozóide, constitui-se de um pequeno número de células idênticas (as *células-tronco embrionárias*), as quais, com o crescimento do embrião, irão pouco a pouco se diferenciar para dar origem a mais de duzentos tipos diversos de células dos adultos. Uma outra fonte de células-tronco pode ser encontrada no próprio indivíduo adulto (*células-tronco de adultos*), em alguns tecidos como o tecido nervoso, o hematopoético, o muscular e o epitélio.

Assim, a terapia celular tanto pode utilizar células-tronco embrionárias quanto células-tronco de adultos, mas a eficácia do tratamento pode não ser a mesma. Isso porque as células-tronco de adultos apresentam, pelo menos, três inconvenientes ou limitações quando comparadas às células-tronco embrionárias: a) elas têm uma capacidade menor de diferenciação, b) sua probabilidade de rejeição pelo organismo receptor também é maior, e c) porque provêm de indivíduos adultos, são células impuras, já que expostas a agressões externas, como poluição, tabagismo, alcoolismo etc.

Já as células-tronco embrionárias apresentam a virtude de ser células puras com alta plasticidade (capacidade de diferenciação), além do que teriam a vantagem, ao menos teórica, de determinarem menor rejeição no receptor e essa tolerância poderia ser ainda maior caso essas células embrionárias fossem obtidas por meio da clonagem terapêutica para serem utilizadas no próprio indivíduo provedor do núcleo somático, já que as células-tronco teriam o mesmo material genético do receptor.

Esses fatores explicam o grande interesse despertado pela comunidade científica em torno das células-tronco embrionárias, tendo em vista seu enorme potencial terapêutico.

Segundo Zago (2002, p.15-16), as células-tronco embrionárias podem ser obtidas de três formas distintas: a) de embriões em fase muito inicial de desenvolvimento, mais ou menos no quinto dia após a fecundação, quando se forma o blastocisto;[3] b) de fetos entre a quinta e a nona semanas de desenvolvimento, retiradas de uma estrutura denominada prega gonadal, que nos adultos dará origem aos gametas masculinos e femininos; c) pela clonagem terapêutica, com utilização da técnica de transferência de núcleo somático, caso em que a interrupção do desenvolvimento do "embrião" na fase de blastocisto pode originar uma linhagem de células embrionárias com o mesmo patrimônio genético do doador do núcleo somático.

No final do ano de 2007, porém, um novo experimento científico veio a redimensionar a discussão acerca da clonagem terapêutica e da obtenção de células-tronco. Em estudos publicados nos periódicos *Science* e *Cell*, duas equipes independentes de pesquisadores do Japão

---

3   Uma possível fonte desse tipo de células-tronco são os embriões não utilizados nas clínicas de fertilização assistida.

DIREITO, ÉTICA E BIOSSEGURANÇA 141

e dos Estados Unidos anunciaram a obtenção de células pluripotentes a partir da reprogramação de células humanas adultas, por meio de uma técnica que vem sendo chamada de "reprogramação celular" ou "regressão celular" (Girardi, 2007, p.A18). Os cientistas conseguiram fazer que células adultas, portanto diferenciadas, voltassem a se comportar como células-tronco, indiferenciadas e capazes de transformar-se em qualquer célula do organismo. O experimento utilizou células da pele humana, que foram induzidas a se comportar como células pluripotentes, vindo posteriormente a se diferenciar em células cardíacas e neurônios. Para atingir a reprogramação celular, os pesquisadores introduziram nas células da pele genes ligados à versatilidade das células-tronco embrionárias, os quais foram introduzidos por meio de retrovírus (parentes do vírus da Aids). Após a reprogramação, as células não só assumiram a aparência de células-tronco, como passaram a se comportar da mesma maneira, chegando a se diferenciar em células diversas das do tecido epitelial, do qual haviam sido retiradas. Essas células reprogramadas têm sido chamadas de "células pluripotentes induzidas" (CPI).

A técnica da reprogramação celular tem atraído a atenção da comunidade científica, pois, pelo menos em princípio, abre a possibilidade de se constituir em uma alternativa à clonagem terapêutica e ao próprio uso de células embrionárias, superando os dilemas éticos que a clonagem terapêutica envolve. Com efeito, a regressão celular de células adultas afastaria o inconveniente de se produzir embriões humanos que são destruídos com a retirada das células-tronco, e uma vez que a reprogramação celular poderia ser feita com células adultas oriundas do próprio paciente a ser submetido à terapia celular, ela também apresentaria a vantagem do menor risco de rejeição pelo organismo (já que teria o mesmo código genético do indivíduo receptor). As CPI, porém, por constituírem-se de células adultas, padeceriam de algumas das limitações anteriormente apontadas com relação às células-tronco de adultos, como a impureza.

Se é certo que a técnica da regressão celular comporta menos implicações éticas, por sua vez, sob o enfoque da biossegurança, a terapia com células pluripotentes induzidas requer aprimoramento para sua utilização segura em seres humanos. Com efeito, as CPI envolvem ao menos dois riscos consideráveis: o uso de retrovírus e o potencial cancerígeno advindo da reprogramação da célula (Leite, 2007, p.A18).

Logo, pelo menos de imediato, a clonagem terapêutica não poderá ser descartada como alternativa viável para a obtenção de células-tronco embrionárias para utilização em terapia celular. É verdade que, em países como o Brasil, em que a clonagem terapêutica é proibida, a reprogramação celular poderá ser um alento para os pesquisadores na busca de fontes abundantes de células para a terapia celular.

É bom que se diga, entretanto, que a clonagem terapêutica é, ainda, apenas uma promessa de tratamento para inúmeras doenças. Isso porque a ciência ainda não conseguiu superar as dificuldades da manipulação de células-tronco embrionárias, sejam elas obtidas de embriões clonados ou não. Dada sua alta capacidade de multiplicação, não se conseguiu, até o momento, dominar totalmente um procedimento que permita controlar o ritmo com que as células-tronco se proliferam e, sem controle, elas podem dar origem a tumores malignos (Buchalla & Pastore, 2004, p.90). Zago (2002, p.18) afirma que, atualmente, um dos maiores desafios à utilização da terapia celular é a padronização de métodos adequados para condicionar sua diferenciação no sentido do tecido necessário. Além disso, Zago explica que o conhecimento sobre a imunologia dos transplantes de células embrionárias ainda é incipiente e que outros problemas práticos precisam ser solucionados para o sucesso da terapia celular, como o isolamento, a manipulação, a diferenciação e a aplicação daquelas células.

Clonagem terapêutica humana: aspectos éticos e biossegurança

Conforme visto, a clonagem terapêutica tem a finalidade de produzir "embriões" humanos que servirão de fonte de células-tronco para a terapia celular. Ocorre que a coleta das células-tronco ocasiona a "morte" do embrião, em razão do que a clonagem terapêutica suscitaria, ao menos, dois problemas éticos: a instrumentalização do embrião, já que esse seria produzido com a finalidade de ser descartado logo em

DIREITO, ÉTICA E BIOSSEGURANÇA 143

seguida à retirada de suas células-tronco, e a banalização da vida, de que o embrião seria portador.

Em verdade, os dois aspectos apontados convergem para a seguinte questão: seria eticamente aceitável destruir uma vida para salvar outras? Para as religiões cristãs, em geral, e para a Igreja católica, em particular, a clonagem terapêutica não seria aceitável, porque a vida deve ser respeitada desde seu início, isto é, desde o momento da formação inicial do embrião, de modo que este já seria portador de uma vida singular, não podendo ser destruído sob qualquer pretexto.

Para a comunidade científica em geral, a clonagem terapêutica não colocaria problemas éticos, porque o que se tem, em verdade, é a manipulação não de embriões, mas de uma massa celular cultivada em laboratório e que jamais seria implantada em um útero, motivo pelo qual não se pode falar na destruição de vida humana, dada a total incapacidade de esse conjunto de células vir a se transformar em uma pessoa. Aliás, a favor da clonagem terapêutica, soma-se o argumento ético de que ela poderia salvar inúmeras vidas de "pessoas de carne e osso", colocando a ciência a serviço da diminuição do sofrimento humano, além do que, no confronto de uma vida apenas em potencial com uma vida efetiva, essa deveria ter prevalência.

Como se percebe, a discussão ética em torno da clonagem terapêutica conduz à questão relativa ao próprio conceito e início da vida humana, abordada no capítulo seguinte deste livro e ao qual se remete o leitor. No entanto, um dado a mais deve ser acrescentado nessa discussão, sobretudo para aqueles que entendem que a vida principia com a fecundação do óvulo pelo espermatozóide: na clonagem terapêutica, o suposto "embrião" não é formado pela união dos gametas masculino e feminino, mas pela fusão de uma célula somática com um óvulo (técnica da transferência de núcleo somático), o que talvez a aproximaria mais de uma mera técnica de manejo celular do que, propriamente, de uma forma de reprodução da vida humana, até porque o intuito é apenas o cultivo em laboratório de linhagens celulares, uma prática comum e aceita sem objeções por toda a sociedade. Como bem destacado pela geneticista Zatz (2002, p.14), "a cultura de tecidos é uma

144 JULIANA ARAÚJO LEMOS DA SILVA MACHADO

prática comum em laboratório, apoiada por todos. A única diferença no caso seria o uso de óvulos (que quando não fecundados são apenas uma célula) que permitiriam a produção de qualquer tecido no laboratório". Também Zago (2002, p.18) alerta, com relação ao blastocisto obtido pela transferência nuclear, que "sua ontogênese o diferencia de embriões formados por fecundação natural ou *in vitro*. Por isso, seria talvez mais apropriado comparar aquela massa celular a um 'tumor' benigno do que a um verdadeiro embrião".

Logo, até mesmo a idéia de existência de vida humana no conjunto celular obtido por meio da clonagem terapêutica é questionável.

Sob o aspecto da biossegurança, há que se ter em mente que a clonagem terapêutica ainda é um procedimento em fase de experimentação, bem assim os resultados terapêuticos que poderão advir da utilização de células-tronco por meio dela obtidas e, até o momento, os experimentos realizados não demonstraram nenhuma potencialidade de danos para a vida ou a saúde humanas. Ao contrário, a utilização de células-tronco embrionárias, sejam ou não obtidas por meio de clonagem, tem se revelado promissora no tratamento de inúmeras doenças. Ao que tudo indica, o avanço da pesquisa científica nessa área poderá trazer inúmeros benefícios a um incontável número de pessoas, o que pode mesmo ser esperado em razão do sucesso obtido em terapias celulares que usam células-tronco de adultos, provenientes especialmente da medula óssea de pacientes ou de cordão umbilical de recém-nascidos. Se os resultados têm sido tão positivos com a utilização de células-tronco de adultos, muito mais se poderá esperar da utilização de células-tronco embrionárias, sobretudo se essas forem totalmente compatíveis com o receptor, o que, aliás, é a grande vantagem da clonagem terapêutica.

Alteração do material genético humano

Noções preliminares

Os estudos conduzidos no âmbito da *biologia celular* revelaram que o material responsável pela transmissão das características here-

DIREITO, ÉTICA E BIOSSEGURANÇA 145

ditárias dos seres vivos se encontra no núcleo das células. Além de ser responsável pela hereditariedade, esse material é portador de todas as informações necessárias ao desenvolvimento e reprodução da vida. No entanto, longo foi o caminho que a ciência teve de percorrer para compreender o mistério da hereditariedade, ou o "segredo da vida", como diriam Francis Crick e James Watson, embora hoje se possa saber que nem tudo na vida se explica pelo genoma.

O princípio dessa trajetória pode ser apontado no início do século XX, quando veio à tona trabalho de Gregor Mendel no qual ele sugeria que as características hereditárias eram transmitidas em unidades, de maneira independente umas das outras, de uma geração para a seguinte. Essas unidades viriam, posteriormente, a ser chamadas de *genes*. Pouco mais tarde, descobriu-se que os genes eram carregados por estruturas em formato de bastão, encontradas dentro do núcleo das células, denominadas *cromossomos*. Em um passo seguinte, foi descoberto que os cromossomos eram compostos de longas moléculas de *DNA* (*ácido desoxirribonucléico*), mas desconhecia-se sua estrutura e como a informação genética contida nessa molécula poderia se duplicar e ser transmitida de uma geração para outra. Foi somente em 1953, com a descoberta da estrutura de dupla hélice por Francis Crick e James Watson, que se pôde compreender como a molécula de DNA poderia não só conter a informação genética, mas permitir que ela fosse copiada e transmitida (Reinach, 2003).

Hoje, graças aos avanços verificados no campo da *biologia molecular*, sabe-se que os genes são, na verdade, trechos funcionais da molécula de DNA, isto é, as partes dessa molécula que contêm as informações necessárias para a produção de proteínas, estas sim responsáveis pelos mecanismos vitais da célula (Brody & Brody, 1999, p.367).

O Projeto Genoma Humano veio a revelar que essas regiões funcionais do DNA estão restritas a cerca de 3% de nosso genoma,[4] e que o número de genes da espécie humana está na faixa de vinte a trinta mil genes, e não, como se pensava, na casa dos 120 a 150 mil

---

4   O restante não funcional de nosso genoma, isto é, a grande parte não ocupada por genes, é o que os cientistas têm denominado de "DNA lixo".

genes (Dias Neto, 2003, p.15). Esses genes estão distribuídos, em números diferentes, pelos 46 cromossomos da espécie humana: 23 pares, dos quais 22 são quase idênticos nos homens e mulheres, sendo chamados de autossomos, e um par que se diferencia nos sexos (XX no sexo feminino e XY no sexo masculino), chamados de cromossomos sexuais. As células sexuais (óvulos e espermatozóides) contêm apenas 23 cromossomos; as células somáticas contêm 46 cromossomos (ou 23 pares de cromossomos).

Foi com a materialização dos genes na molécula de DNA que se abriram as portas para a engenharia genética. A partir do momento em que a ciência ancorou a hereditariedade em uma molécula química, o gene passou a ser visto como aquele "pedaço" de DNA que se pode manipular, mudar de lugar, guardar em um tubo na geladeira ou mesmo jogar no lixo (Reinach, 2003).

A possibilidade de manipular genes fez do ser humano o único ser vivo com capacidade de conduzir alterações deliberadas e direcionadas em seu código genético e nos códigos dos demais seres vivos. Antes da engenharia genética, as mudanças nas moléculas de DNA eram aleatórias (mutações) e foram as responsáveis pela natural evolução e diversificação das espécies. Agora, o homem tem nas mãos o poder de, deliberadamente, suprimir parcelas do DNA, ou remover partes de DNA e recombiná-las com outras partes, o que poderá gerar riscos e conseqüências imprevisíveis para o destino da espécie humana e dos demais seres vivos.

De fato, a tecnologia do DNA recombinante, desenvolvida na década de 1970, permitiu que se isolassem as partes de DNA que contêm os genes, possibilitando, num momento seguinte, a transferência de genes de um organismo para outro (idem, 2003). Hoje, convivemos com os organismos geneticamente modificados (OGM): bactérias que produzem insulina humana, plantas resistentes a herbicidas e pragas, ovelhas que produzem leite para tratamento da hemofilia, e tantas outras engenhosas produções humanas. Agora, essa mesma tecnologia, sobretudo após a conclusão do Projeto Genoma Humano, abre as portas para a introdução de alterações deliberadas no código genético do ser humano, acompanhada, porém, de algumas contro-

DIREITO, ÉTICA E BIOSSEGURANÇA 147

vérsias éticas e de não poucos riscos para a vida e a saúde de toda a espécie humana.

Modalidades

Designar-se-á, genericamente, como *técnicas de alteração do material genético humano* os diversos procedimentos destinados à modificação da constituição genética de seres humanos, mediante o manejo de genes ou de cromossomos inteiros.

Uma primeira distinção que deve ser feita se refere ao tipo de célula cujo material genético sofrerá a alteração. Assim, há que distinguir o manejo genético de *células humanas germinativas* e de *células humanas somáticas*. No primeiro caso, a manipulação genética atuará sobre as células que produzem os gametas humanos ou diretamente sobre os próprios gametas, que são as células sexuais humanas (espermatozóides e óvulos). Nesse caso, a alteração genética introduzida será transmitida aos eventuais descendentes do indivíduo submetido à intervenção. Diferente é o caso de alteração genética das células somáticas (todas as células do corpo humano, com exceção das células germinativas), posto que aí a alteração introduzida desaparecerá com a pessoa que recebeu a intervenção, sem transferência aos descendentes. Em ambos os casos, porém, com relação ao indivíduo submetido à técnica, em sendo esse um indivíduo adulto, verifica-se que a alteração genética se restringirá às células que foram manipuladas, ou, no máximo, a suas descendentes diretas, com a circunstância de que, no caso das células produtoras de gametas, a alteração irá se estender aos gametas por elas produzidos, mas em nenhum caso atingirá o genoma daquele indivíduo como um todo, isto é, o material genético presente em todas as células de seu corpo.

Além das intervenções em células germinativas e somáticas, há que destacar a alteração genética em *células-tronco embrionárias*, que são as células indiferenciadas de que é constituído o embrião em seu primeiro estágio de desenvolvimento e que darão origem, por sucessivas divisões e diferenciações, ao indivíduo adulto. Nesse caso, alterações genéticas introduzidas nas células-tronco embrionárias irão se propagar por todas as células do indivíduo, alterando em definitivo seu genoma, e logo,

148 JULIANA ARAÚJO LEMOS DA SILVA MACHADO

transmitindo-se a sua eventual descendência. Isso porque o embrião se desenvolverá a partir daquelas primeiras células que tiveram seu material genético alterado, e a alteração irá se fazer presente não só em todas as células somáticas do futuro indivíduo adulto, como também em suas células germinativas.

Uma segunda distinção com relação às técnicas de alteração do código genético humano leva em conta a finalidade buscada pelo procedimento, quando então se fala em técnicas de intervenção genética *com fins terapêuticos* (terapia gênica ou geneterapia), pelas quais se busca a cura de moléstias genéticas, e aquelas *sem fins terapêuticos*, quando o que se tem em mira são finalidades não-curativas, como a obtenção de efeitos estéticos, a implementação da capacidade intelectual ou, até mesmo, a determinação ou alteração do sexo de embriões.

Em seguida, os diferentes procedimentos acima indicados serão analisados, relacionando-se as técnicas de alteração genética com ou sem finalidade terapêutica ao tipo de célula que recebe a intervenção.

Alteração genética com finalidade terapêutica: as terapias gênicas

Sabe-se hoje que os genes desempenham dupla função nos seres vivos: por um lado, asseguram que os organismos sobrevivam dia-a-dia, pois contêm as informações que regulam os mecanismos vitais, e, por outro, garantem a perpetuação das espécies de uma geração para outra, já que contêm os mecanismos da hereditariedade (Maddox, 1999, p.186).

A compreensão dessa dupla função desempenhada pelos genes também explica o aparecimento e transmissão de doenças genéticas: genes defeituosos, genes em excesso ou em falta, fazem que as informações necessárias aos mecanismos vitais também se apresentem errôneas, levando ao surgimento de doenças cuja causa é genética; e pelo mecanismo da hereditariedade, esses defeitos no genoma podem ser transmitidos de uma geração para outra.

A compreensão das doenças genéticas e de sua possível cura, hoje acalentada pelas recentes terapias gênicas em desenvolvimento, requer uma prévia compreensão do modo de funcionamento do gene, ou mais precisamente, da molécula de DNA.

As moléculas de DNA são feitas de unidades chamadas *nucleotídeos*, que são moléculas complexas cujo componente principal é uma *base nitrogenada*. O DNA contém apenas quatro tipos de bases, a saber: *adenina, timina, citosina e guanina* (A, T, C e G). Os cromossomos, que carregam os genes, são constituídos por duas cadeias de DNA associadas, ou hélice dupla de DNA, na qual as bases A de uma das cadeias sempre se emparelham com as bases T da outra, o mesmo acontecendo com as bases G e C. Cada gene (região funcional do DNA) é constituído por uma seqüência específica de bases (A, T, G e C) e essa seqüência específica é responsável pela produção de uma proteína também específica. Assim, os genes podem ser definidos como as regiões funcionais do DNA, constituídas por seqüências específicas de bases nitrogenadas que codificam proteínas específicas, exercendo, dessa forma, por intermédio das proteínas, o controle dos mecanismos vitais de todo o organismo; controlando ainda, cada gene, características hereditárias específicas, como cor do cabelo, altura, forma do nariz e milhares de outros traços (Brody & Brody, 1999, p.365-7).

As seqüências de bases nos genes são constituídas por arranjos de três das quatro bases existentes. Esses *códons* de três letras (daí a expressão *código genético*) ao longo dos filamentos de DNA determinam as proteínas (moléculas complexas compostas de aminoácidos) que são exclusivas de cada ser vivo e, especialmente, de cada ser humano. Cada código de três letras instrui a montagem de um aminoácido específico, o qual se unirá a outros aminoácidos produzindo as proteínas. Cada espécie de ser vivo é diferente, e cada ser humano é único, em razão da seqüência específica desses *códons* de três letras que se formam ao longo das moléculas de DNA (idem, p.368-71). Assim, embora haja enormes semelhanças entre os seres humanos (da ordem de 99,9%), permitindo-se mesmo falar em um *genoma humano*, o fato é que cada ser humano possui um código genético único, singular. Essa variabilidade genética, pautada, ao mesmo tempo, pela semelhança genética existente entre indivíduos da mesma espécie, pode ser mais facilmente compreendida na seguinte comparação, feita por Brody e Brody (1999, p.371):

150 JULIANA ARAÚJO LEMOS DA SILVA MACHADO

Em outras palavras, as seqüências codificadoras que causam pêlos em camundongos são semelhantes, mas não idênticas, às seqüências formadoras de cabelos em uma cabeça humana. Analogamente, as seqüências codificadoras que fazem com que os cabelos se formem em duas cabeças humanas têm mais semelhança entre si do que com as seqüências formadoras dos pêlos do camundongo, porém não são idênticas.

Os genes, além de serem determinados por uma seqüência específica de bases nitrogenadas, são localizados em regiões também específicas do DNA. No caso do ser humano, esses genes encontram-se distribuídos em locais específicos ao longo dos 23 pares de cromossomos humanos. E, com relação à produção de proteínas determinadas para o controle das funções vitais, a especificidade de localização dos genes é tão importante quanto a especificidade de sua seqüência de bases (*códon*). Daí o duplo objetivo perseguido pelo Projeto Genoma Humano: *mapear* o genoma humano, identificando os locais dos cromossomos que contêm regiões funcionais (genes), isto é, a localização física ou geográfica dos genes, e *seqüenciar* o genoma humano, decifrando o código genético do DNA, isto é, a seqüência de bases em cada gene.

Ocorre que no processo de divisão celular, quando o DNA é replicado para se transmitir às novas células, podem ocorrer erros nesse mecanismo de replicação, erros esses que são chamados de *mutações* e que se transmitem a todas as gerações futuras de células. As mutações tanto podem ter como conseqüência a melhora de um gene, caso em que suas funções passarão a ser mais bem desempenhadas, quanto sua degradação, caso em que a codificação de proteínas será prejudicada, levando à doença ou morte do organismo, ou podem ainda ser "silenciosas", quando não afetam a produção de proteínas (Brody e Brody, 1999, p.376).

As mutações podem ocorrer de diversas formas: quando a seqüência de bases nitrogenadas é alterada; quando, apesar de correta a seqüência, o gene é alinhado no local "errado", seja porque em cromossomo errado seja porque em local errado no cromossomo correto; quando para a mesma característica hereditária, que normalmente é determinada por um par de genes, falta um gene ou há genes em excesso; quando, dos

DIREITO, ÉTICA E BIOSSEGURANÇA 151

23 pares de cromossomos existentes normalmente na espécie humana, falta um cromossomo ou há cromossomos em excesso (Brody & Brody, 1999, p.376-8; Maddox, 1999, p.197-202).

Muitas são as doenças causadas por mutações genéticas que afetam os seres humanos, como o diabetes, a anemia falciforme, o câncer, o nanismo, diversas anomalias cardíacas, a fibrose cística, a paralisia cerebral, doenças de retardo mental, como a síndrome de Down etc. Em 1996, mais de cem doenças hereditárias já haviam sido detectadas (Maddox, 1999, p.199) e, com a conclusão do Projeto Genoma Humano, esse número tende a aumentar consideravelmente, haja vista que com os dados obtidos por meio do projeto, inúmeras doenças poderão ter seus fatores relacionados a algum gene dos cerca de vinte mil que compõem o genoma humano.[5] Das doenças que têm fator genético (ou hereditário, como se costuma falar), algumas decorrem de mutações deletérias em um único gene, especialmente pela replicação errônea de sua seqüência de bases, sendo chamadas de "mutações pontuais" (idem, p.198). Porém, um número considerável de doenças genéticas envolve a conjugação de defeitos em diversos genes e/ou cromossomos, sendo exemplos o câncer e o diabetes.

As informações obtidas com o Projeto Genoma Humano, se, por um lado, auxiliarão na identificação de muitas doenças com fator genético, por outro, trazem a esperança de que muitas dessas doenças possam, finalmente, ter sua cura descoberta. É o que se espera com a *terapia gênica* ou *geneterapia*, que foi usada pela primeira vez em 1990 (Linha do tempo..., 2003), e que se encontra em fase de experimentação para muitas doenças genéticas.

O princípio da terapia gênica é, pelo menos em tese, simples: uma vez conhecido o fator que ocasiona a doença genética – que pode ser um gene defeituoso, ausente ou em excesso, bem como a falta ou excesso de um cromossomo inteiro –, poder-se-á, por meio do manejo

---

5   Graças à concorrência travada entre o consórcio público internacional do Projeto Genoma Humano e a empresa privada *Celera Genomics*, a conclusão do mapeamento e seqüenciamento do genoma humano, que estava prevista para 2005, foi antecipada para 2001, quando foi divulgado um rascunho do genoma humano, o qual foi definitivamente concluído no ano de 2003.

152 JULIANA ARAÚJO LEMOS DA SILVA MACHADO

de partes do DNA, corrigir o defeito no material genético, seja pela inserção de um gene funcional em lugar do gene não funcional, seja pela supressão do gene deletério, seja pela introdução de um gene/cromossomo faltante ou supressão de um gene/cromossomo em excesso. Assim, seria possível, por exemplo, reescrever o texto de codificação do DNA na hemoglobina, reativando os genes adormecidos, para curar a anemia da célula falciforme (Brody & Brody, 1999, p.386; Maddox, 1999, p.206); ou, ainda, substituir o gene responsável pela fabricação da proteína *distrofina*, que aparece com defeito nos portadores de distrofia muscular, por uma versão funcional do mesmo gene (Maddox, 1999, p.206-7).

As maiores esperanças da terapia gênica depositam-se na possível cura de doenças causadas por alterações em um único gene ("mutação pontual"), caso em que o gene defeituoso poderá ser reposto por uma versão funcional. No caso de doenças genéticas multifatoriais, sobretudo naquelas em que, além da conjugação de defeitos em diversos genes, a doença manifesta-se em razão de associação com fatores externos ou ambientais, a aplicação da geneterapia poderá ter eficácia reduzida, embora, ainda assim, não desprezível.

Considerando o tipo de célula que é submetida ao procedimento, ver-se-á que diferente será a extensão dos possíveis benefícios obtidos com a geneterapia. No caso de procedimentos de terapia gênica somática, como em células do epitélio, dos músculos, da medula óssea etc., a correção do defeito genético e a conseqüente cura da doença irão se estender às células descendentes daquelas submetidas à terapia, mas não passarão da pessoa que foi tratada. Isso quer dizer que eventuais descendentes do indivíduo submetido à terapia poderão apresentar o defeito genético e até mesmo desenvolver a doença. Diferente será o caso das terapias gênicas em células germinativas ou em células-tronco do embrião. No primeiro caso, como a correção do defeito genético se operará na linhagem celular reprodutiva, ela se tornará transmissível à prole da pessoa que recebeu o tratamento, podendo passar de geração para geração; no segundo caso, a cura obtida com a geneterapia poderá se manifestar no material genético de todas as células do ser em desenvolvimento, motivo pelo qual também se tornará transmissível

DIREITO, ÉTICA E BIOSSEGURANÇA 153

à descendência. Isso significa dizer que, nos casos de terapia gênica germinativa e embrionária, as gerações futuras poderiam até mesmo ser beneficiadas com a eliminação daquele tipo de doença genética.

A aplicação bem-sucedida da geneterapia, no entanto, ainda tem muitos desafios pela frente, sobretudo com relação ao quesito segurança do procedimento. Isso porque as intervenções no material genético humano, embora possam realmente curar doenças, podem, ao mesmo tempo, gerar efeitos colaterais, como o agravamento de doenças já existentes ou o aparecimento de novas doenças no indivíduo submetido à técnica. Foi o que ocorreu no famoso caso dos meninos da bolha nos Estados Unidos e na França, os quais sofriam de uma forma severa de deficiência imunológica e foram submetidos à geneterapia: algumas dessas crianças, curadas da doença, desenvolveram leucemia e acabaram morrendo (Lopes, 2003, p.28). Assim, dada a complexidade do genoma humano, alterações supostamente benéficas podem acarretar efeitos imprevisíveis. Conforme alerta Fabrício Santos (apud Lopes, 2003, p.28), o conhecimento hoje disponível acerca da regulação celular e sua interação com o genoma ainda é mínimo, motivo pelo qual qualquer terapia gênica será por tentativa e erro, já que não se tem um controle suficiente das variáveis envolvidas no procedimento.

Outro desafio diz respeito ao desenvolvimento de vetores mais eficientes e seguros. A geneterapia utiliza, para levar os fragmentos de DNA desejados ao interior da célula, basicamente duas espécies de vetores (que são vírus): o *adenovírus* e o *retrovírus*. O primeiro, também chamado de DNAvírus, quando utilizado como vetor não se integra ao genoma da célula hospedeira (aquela que é submetida à geneterapia); já o retrovírus, ou RNAvírus, altera de forma permanente o DNA da célula hospedeira, integrando-se a seu genoma (Goldim, 2005). Segundo Carlos Menck (apud Lopes, 2003, p.28), os vetores hoje disponíveis, como o adenovírus, têm suas limitações, pois depois de um tempo de aplicação da geneterapia, o sistema imune do paciente cria resistência e o tratamento deixa de surtir efeito. Além disso, a utilização de vírus como vetores tem uma toxidade quase inerente, aumentando os riscos de efeitos indesejados.

154   JULIANA ARAÚJO LEMOS DA SILVA MACHADO

Sant'Anna (2001, p.94) alerta para o fato de que a utilização de vírus como vetor pode mesmo acarretar danos imprevisíveis: se o vírus, ao penetrar a membrana de uma célula somática hospedeira, ali permanecer e multiplicar-se, poderá dar origem a uma epidemia, vindo a atingir até mesmo as células germinativas do paciente. Não existe, pois, até o momento, segurança de que uma alteração genética em célula somática realmente se restringirá apenas a suas descendentes diretas, sem afetação das demais células do corpo humano.

A ciência vem avançando nesse campo e novos vetores vêm sendo pesquisados para utilização na geneterapia. Um exemplo é o experimento de plasmídeos (moléculas de DNA encontradas em bactérias) para atuarem como veículos do gene a ser transportado para o interior da célula. Mas ainda não existem resultados concretos acerca da eficiência desses vetores que não utilizam material originário de vírus.

Vê-se, portanto, que a geneterapia ainda é uma técnica em fase de experimentação, representando, por ora, apenas uma promessa de tratamento para inúmeras doenças genéticas.

Alteração genética sem finalidade terapêutica

A mesma tecnologia de transferência de fragmentos de DNA poderia, em tese, ser utilizada para finalidades outras que não a cura de doenças, mas para determinação ou aprimoramento de características como cor dos olhos, altura, cor da pele, inteligência, sexo etc.

Certamente, uma primeira dificuldade que surge na identificação desse tipo de procedimento se refere à distinção entre o que seria terapia e o que não, haja vista que a admissibilidade das terapias gênicas freqüentemente é tomada com base naquilo que se considera normal ou anormal no genoma do ser humano. Assim, à primeira vista, seria terapêutico todo procedimento que visasse à correção de um genótipo *anormal* e, em sentido contrário, seria não terapêutico o procedimento que tivesse por objetivo introduzir alterações genéticas em um genótipo considerado *normal*. No entanto, surge aí uma questão inevitável: o que é normal e o que é anormal no genoma da espécie humana? Como

DIREITO, ÉTICA E BIOSSEGURANÇA 155

separar o critério normalidade-anormalidade daquilo que seria simples variabilidade genética da espécie humana? A distinção é importante, porque, do contrário, corre-se o risco de considerar *anormal* aquilo que é meramente expressão da biodiversidade humana, como o são os traços característicos de grupos humanos determinados (negros e índios, por exemplo).

Maddox (1999, p.197) reconhece que o uso da palavra "normal" para se qualificar um gene não é propriamente técnico ou correto. Isso porque, como já explicado, os genes constituem-se por seqüências específicas de bases nitrogenadas ao longo da molécula de DNA e o que ocorre quando essa seqüência é alterada depende do gene e da base envolvidos. Isso quer dizer que diferentes seqüências de bases em um mesmo tipo de gene podem ou não acarretar distúrbios genéticos, isto é, afetar ou não a produção da proteína correspondente, e, caso essa seja afetada, ainda assim poderá ocorrer que a alteração seja irrelevante, não interferindo em qualquer dos mecanismos vitais. Aliás, como ressalta Maddox (idem, p.198), variações na seqüência exata de bases nitrogenadas dos genes são muito comuns e geralmente não têm nenhuma conseqüência do ponto de vista médico ou fisiológico.

Quando a seqüência de bases sofre uma mutação, sem que isso se reflita de forma negativa na função desempenhada pela proteína correspondente, tem-se mera variabilidade genética, não se podendo falar em *anormalidade* desse genótipo. Assim, exemplifica Maddox (idem, p.198), os negros africanos e os brancos europeus possuem exatamente os mesmos genes, mas a freqüência dos alelos (seqüências de bases nitrogenadas) dos genes responsáveis pela pigmentação da pele nas duas populações é bem diferente. Por sua vez, se a alteração genética reflete-se em distúrbios nas funções vitais do organismo, essa alteração será considerada *anormal* e, em conseqüência, uma *doença genética*.

Desse modo, será terapêutica a intervenção genética destinada a corrigir uma mutação verificada no genótipo de um determinado indivíduo se, e apenas se, essa mutação refletir-se em distúrbio de alguma das funções vitais de seu organismo, caso em que seu genótipo será considerado anormal, porque fator determinante de uma doença gené-

156 JULIANA ARAÚJO LEMOS DA SILVA MACHADO

tica. Será, entretanto, não terapêutica a manipulação genética realizada em indivíduos sadios, nos quais a mutação genética se reflete em mera variabilidade, sem causar nenhum prejuízo para o desenvolvimento de seus mecanismos vitais.

Essas intervenções genéticas com finalidades não terapêuticas poderão em tese ocorrer, tais quais as terapias gênicas, tanto em células somáticas quanto em células germinativas, ou ainda em células-tronco embrionárias, com as mesmas conseqüências já apontadas no item anterior relativamente à transmissão aos descendentes.

Deve-se, no entanto, ressaltar que essas possibilidades de alteração do material genético não são uma panacéia; em verdade, muitos equívocos e exageros têm sido gerados em torno dos progressos da engenharia genética. Por exemplo, a idéia de que seria possível manipular geneticamente o embrião com a finalidade de lhe garantir uma inteligência fora do comum é mera ilusão, assim como diversas outras características que se cogita determinar artificialmente por meio da engenharia genética (maior resistência a agentes patológicos, um pendor literário ou musical, músculos mais fortes etc.). Isso porque a maioria das características humanas envolve genes espalhados por todo o genoma e, não raras vezes, o que determina um certo fenótipo é a interação entre genótipo e meio ambiente. A idéia do "bebê feito sob medida" ainda permanecerá, durante muito tempo, ou talvez para sempre (o que é mais provável), como mera ilusão gerada em torno dos progressos da genética, não só por razões de ordem técnica, mas porque, efetivamente, o genoma não é tudo, o destino não está nos genes, ou como diria Leite (2005, p.9), "não se faz um César Lattes somente com o DNA de um Cesare Mansueto Giulio Lattes".

Aspectos éticos e biossegurança

As diversas formas de alteração do material genético humano apresentam em comum o fato de se tratarem, todas, de técnicas em fase de experimentação, isto é, procedimentos que ainda estão sendo desenvolvidos e aprimorados pela ciência, razão pela qual sua aplicação em seres humanos traz imanente a possibilidade de danos para a vida e a saúde

DIREITO, ÉTICA E BIOSSEGURANÇA 157

tanto da pessoa submetida ao procedimento quanto de toda a humanidade, o que, por si só, já encerra uma problemática ética considerável.

Além disso, riscos e contornos éticos particulares decorrerão da aplicação desses procedimentos conforme se esteja a tratar de intervenção em célula germinativa, em célula somática, ou em célula-tronco embrionária, de intervenção terapêutica ou não terapêutica.

A manipulação genética de células humanas germinativas encerra uma especial preocupação com a biossegurança do procedimento, haja vista que as alterações introduzidas na linhagem celular germinativa tendem a se transmitir à descendência do indivíduo, o que, em caso de utilização em larga escala, poderá acarretar uma alteração do genoma humano como um todo, com reflexos imprevisíveis para o destino da espécie humana, talvez até para a própria capacidade de sobrevivência da espécie. Essa preocupação será a mesma em intervenções com ou sem finalidade terapêutica.

Por sua vez, intervenções em embriões humanos, sejam para qual finalidade for, sempre vêm acompanhadas de inevitável controvérsia ética, sobretudo quando a intervenção pode colocar em risco a própria sobrevivência do embrião ou seu desenvolvimento posterior. Se a pretendida intervenção genética tiver a potencialidade de causar a "morte" do embrião, então a questão ética assumirá contornos específicos, suscitando a sempre presente polêmica em torno do momento em que se considera ter início a vida humana e, portanto, o momento a partir do qual esta vida seria intangível.[6] E, ainda, diante da circunstância de que a alteração genética operada em células-tronco embrionárias poderá se propagar às futuras gerações, tem-se que a manipulação genética de embriões será sempre um procedimento com potencialidade danosa para a constituição genética de toda a espécie humana.

A prática de alteração genética em células germinativas e em células embrionárias pode ainda assumir uma especial conotação ética quando o que se tem em vista são finalidades não terapêuticas: o perigo de renas-

---

6   A respeito, remete-se o leitor ao próximo capítulo, na seção "A vida humana e sua proteção jurídica", em que a temática relativa ao início da vida humana é abordada.

cimento da *eugenia*, tal como a que foi adotada na Alemanha nazista na década de 1930. O termo *eugenia* foi criado pelo inglês Francis Galton em 1883 para designar o aperfeiçoamento genético de uma população mediante métodos de reprodução diferenciada (Maddox, 1999, p.219). Galton, acreditando que a humanidade seria muito beneficiada se, por exemplo, pessoas inteligentes tivessem mais filhos que outras, lançou o "movimento pela eugenia", o qual, na época, levou muitos países a adotarem leis que proibiam o casamento de pessoas portadoras de doenças mentais e que permitiam a esterilização compulsória de pessoas afetadas por essas enfermidades (ibidem). Hoje, costuma-se fazer uma diferenciação entre a *eugenia positiva* e a *eugenia negativa*:

> A primeira delas inclui todas as tentativas destinadas a melhorar a dotação cromossômica do afetado (transferência de genes, tanto humanos, como animais, construção de mosaicos genéticos, reprodução assistida), assim como o fomento da chamada paternidade valiosa (*worthy paternhood*). A segunda atua evitando a transmissão do gene defeituoso, seja mediante a eliminação física de seus portadores (aborto eugênico, controle da natalidade, esterilização, conselho genético) ou mediante o impedimento de uniões procriativas de indivíduos com alto risco genético. (Martínez, 1998, p.241-2)

Percebe-se, assim, que, na eugenia positiva, o que se pretende é mitigar a anomalia genética, o que pode envolver o uso de terapias diversas (incluindo geneterapia), ao passo que na eugenia negativa o fim que se busca é evitar a propagação do defeito genético, o que inclui o chamado *aconselhamento genético*, pelo qual se busca evitar o nascimento de crianças com doenças genéticas, seja mediante diagnóstico pré-conceptivo seja mediante diagnóstico pré-natal.[7]

---

7   A doutrina registra controvérsias tanto acerca do que seriam práticas de eugenia positiva e práticas de eugenia negativa quanto acerca das implicações éticas de uma e outra. Diniz (2001, p.395), por exemplo, adota conceitos um pouco distintos dos referidos neste tópico. Por ora, deixa-se de aprofundar a questão por ser temática que foge aos intentos imediatos deste estudo, apenas se registrando a controvérsia conceitual existente por razões de rigor científico.

DIREITO, ÉTICA E BIOSSEGURANÇA 159

Interessa, ao presente trabalho, as práticas eugênicas relacionadas à engenharia genética, isto é, aquelas que envolvem a manipulação de material genético humano, como é o caso da geneterapia em embriões ou em células germinativas, abrangida no conceito de eugenia positiva e perfeitamente admissível pelo prisma ético, não tanto porém pelo prisma da biossegurança, já que mesmo uma intervenção genética em princípio curativa pode acarretar efeitos secundários não desejados, e, em se tratando de células embrionárias ou germinativas, esses efeitos indesejados poderão se propagar para as gerações futuras. Nesse ponto, acertado é o entendimento de Alarcón (2004, p.146), para quem a terapia genética incidente sobre aqueles tipos de células "não pode ser desejável nem necessária para corrigir a doença genética", eis que "qualquer esforço de incorporar uma cópia normal de um gene à linhagem germinativa (ou a um ovócito fertilizado) encerraria o perigo substancial de uma mutação nova", e "as modificações sobre seus códigos genéticos não só atingiriam o indivíduo, mas também a toda sua descendência, integrando-se, com conseqüências imprevisíveis, no patrimônio hereditário da humanidade".

Toda cautela é necessária, portanto, quando se trata de intervenção genética em células de linhagem germinativa ou em células-tronco embrionárias, haja vista a potencialidade de danos para toda a espécie humana. Talvez, pelo prisma da biossegurança, fosse mesmo aconselhável adotar-se como princípio a *intangibilidade do material genético das células germinativas e embrionárias*. Sabe-se, hoje, que o empacotamento do material genético no núcleo das células humanas é extremamente organizado e infinitamente complexo: na periferia do núcleo celular ficam os cromossomos com menor densidade gênica, ao passo que os cromossomos mais ricos se situam na parte mais interna do núcleo, ficando protegidos de agressões externas. Além disso, foi recentemente demonstrado que essa distribuição do material genético é regulada há pelo menos trinta milhões de anos (Dias Neto, 2003, p.16). A natureza levou milhões de anos para "organizar" o patrimônio genético humano de forma a permitir a vida humana tal como hoje a conhecemos, e o homem tem agora o poder de, em pouco tempo, destruir aquilo que a natureza demorou milênios para construir.

A possibilidade de que alterações genéticas venham a se incorporar de modo irreversível no patrimônio genético da humanidade, trazendo riscos para a própria preservação da espécie humana, para além de encerrar contornos relacionados à biossegurança, envolve, isto sim, um problema ético crucial, na medida em que vulnera a vida humana considerada em sua inter-relação com a comunidade de vida planetária.

Um novo patamar de consciência, fundador de uma *ética planetária* tal como delineada na Parte 1 deste livro, não pode admitir como eticamente aceitáveis procedimentos que coloquem em risco a preservação da espécie humana, como também não seria admissível o risco para qualquer outra espécie de vida animal ou vegetal do planeta.

E, no campo da engenharia genética, haverá sempre o perigo de que alterações genéticas sejam feitas em prol de uma "melhora" ou "depuração" da composição genética do ser humano, muitas vezes atuando sobre grupos sociais específicos (como negros, índios, portadores de necessidades especiais), ou, ainda, objetivando alterar genes em prol da obtenção de certos caracteres fenotípicos social e culturalmente estabelecidos como "superiores" (pele branca, olhos azuis, alta estatura etc.), o que certamente constituiria verdadeira afronta à dignidade da pessoa humana, podendo ainda resvalar para o surgimento de uma nova forma de discriminação social (de fundo genético).

Com relação às práticas de alteração genética somática, há que se reconhecer que, uma vez superados os obstáculos de ordem técnica, as intervenções com finalidade terapêutica tendem a ser amplamente aceitas tanto do ponto de vista ético quanto pelo enfoque da biossegurança, posto que aí a alteração introduzida dar-se-á em campo restrito, desaparecendo com a pessoa submetida à técnica, além do que a ciência estará cumprindo seu nobre papel de contribuir para a diminuição do sofrimento humano.

2
DIREITO AO GENOMA HUMANO

Direito ao genoma humano e suas relações com o direito à vida, o direito à saúde e o direito ao corpo

As amplas possibilidades de intervenção tecnocientífica no genoma humano, tal como expostas e analisadas no capítulo anterior, apontam para a necessidade de uma nova configuração dos já consagrados direitos à vida, à saúde e ao corpo, agora sob a óptica genética, de modo a se garantir a necessária proteção da constituição genética do ser humano. Na verdade, mais do que simplesmente dar nova expressão àqueles direitos já consagrados, torna-se necessário afirmar o verdadeiro surgimento de um novo direito humano, o *direito ao genoma humano*. Não obstante, esse novo direito há de ser compreendido em sua interface com os direitos à vida, à saúde e ao corpo, razão pela qual se empreende, nesta parte do trabalho, um estudo das relações que se estabelecem entre esses direitos.

O direito à vida, consagrado na Constituição Federal de 1988 (CF/88), deve ser compreendido em sentido amplo, não apenas em seu "sentido biológico de incessante auto-atividade funcional, peculiar à matéria orgânica, mas na sua acepção biográfica mais compreensiva" (Silva, 2002, p.196). Expressamente a Constituição Federal

162 JULIANA ARAÚJO LEMOS DA SILVA MACHADO

proclama, no artigo 5º, *caput*, a inviolabilidade do *direito à vida*, e no artigo 1º, inciso III, refere-se à dignidade da pessoa humana como fundamento da República Federativa do Brasil, de onde se extrai a previsão constitucional do *direito à vida digna*. Assim, em seu conteúdo encontram-se envolvidos o direito à dignidade da pessoa humana, o direito à privacidade, o direito à integridade físico-corporal, o direito à integridade moral e o direito à existência (Silva, 2002, p.197). A vida, pois, como objeto de direito humano fundamental, abarca toda a experiência vital do ser humano, quer como ser vivo (aspecto biológico) quer como ser social, espiritual e cultural. Por isso, na amplitude de seu conceito, não seria mesmo exagerado afirmar que todos os demais direitos fundamentais gravitam em torno e em razão do direito à vida, destinando-se a propiciar os meios necessários para o desenvolvimento pleno e integral da vida humana em todos os aspectos (biológico, social, espiritual e cultural). Daí afirmar Alarcón (2004, p.185), ao analisar o artigo 5º da Constituição Federal, que "não há, na verdade, nenhum inciso que trate de direitos fundamentais que não se dirija de maneira mediata ou imediata à proteção do direito à vida" e, mais ainda, "talvez não haja, dentro da Carta Magna brasileira, artigo do qual não possa extrair-se um intuito protetor da vida humana".

Não resta, pois, dúvida de que a vida alçada à condição de direito fundamental na CF/88 é a vida em seu sentido amplo: vida material (existência e sobrevivência), vida social, vida espiritual e vida cultural. Nesse sentido, o direito à vida compreende o direito a todas as condições materiais necessárias à existência e sobrevivência do ser humano (alimentação, vestuário, moradia, terra, saúde, trabalho etc.), o direito a seu desenvolvimento espiritual (direito de crença religiosa, liberdade de consciência, de ideologia), o direito a suas manifestações sociais (liberdade de reunião, de associação, direitos políticos) e o direito a seu desenvolvimento cultural (educação, preservação da memória coletiva, da cultura popular etc.).

O direito à vida, portanto, encontra-se no centro de gravitação dos direitos fundamentais considerados em seu conjunto, pois sem vida os demais direitos perdem seu objeto e sua razão de ser. Isso significa também dizer – por mais lógico que possa parecer, talvez ainda se passe

DIREITO, ÉTICA E BIOSSEGURANÇA **163**

despercebido – que não há direito humano sem vida humana. Toda a discussão em torno da titularidade de direitos – incluindo a titularidade de direitos pelo embrião – passa pela discussão da existência ou não de vida humana.

Percebe-se, pois, que em sua amplitude, e para o que interessa especialmente a este trabalho, o direito à vida abrange o direito à integridade física, como não poderia deixar de ser, posto que a vida não pode prescindir de seu substrato físico. Assim, ao mesmo tempo em que protege a vida,

> o direito deve assegurar a integridade do corpo no seu aspecto anatômico e funcional, determinando a punição das ações que perturbem a normalidade da estrutura física ou funcional, assim como a psíquica da pessoa, considerada como entidade operante no âmbito da vida social e nas relações interpessoais. (Penna, 1998, p.23)

O direito à integridade física, compreendido no âmbito do direito à vida, abrange, portanto, o direito à saúde e o direito ao corpo. A Constituição Federal expressamente prevê o direito à saúde, proclamando que "a saúde é direito de todos e dever do Estado, garantido mediante políticas sociais e econômicas que visem à redução do risco de doença e de outros agravos e ao acesso universal e igualitário às ações e serviços para sua promoção, proteção e recuperação" (artigo 196). O direito ao corpo também encontra guarida no texto constitucional, o qual expressamente assegura o respeito à integridade física dos presos (artigo 5°, XLIX) e declara que ninguém será submetido a tortura ou a tratamento desumano ou degradante (artigo 5°, III).

O corpo humano, como realidade biológica passível de proteção jurídica, pode ser entendido como

> não apenas o conjunto corporal organizado mas inclusivamente os múltiplos elementos anatómicos que integram a constituição físico-somática e o equipamento psíquico do homem bem como as relações fisiológicas decorrentes da pertença de cada um desses elementos a estruturas e funções intermédias e ao conjunto do corpo, nomeadamente quando se traduzem num estado de saúde físico-psíquica. (Sousa, 1995, p.213-4)

164 JULIANA ARAÚJO LEMOS DA SILVA MACHADO

O genoma humano, como conjunto de genes da espécie humana, presente em todas as células de toda pessoa e responsável pelos mecanismos vitais e hereditários de nossa espécie, pode, obviamente, ser abarcado no conceito amplo de corpo humano e, em conseqüência, na proteção a esse conferida pelo direito ao corpo. Aliás, os possíveis danos para a saúde humana decorrentes das novas técnicas de manipulação genética humana, tal como expostas no capítulo precedente, vão se constituir, inevitavelmente, quando não atingirem de forma direta a própria vida, em danos à normalidade da estrutura (dano somático) ou à normalidade do funcionamento (dano fisiológico) do corpo humano (Penna, 2004, p.17).

Há que reconhecer, no entanto, que o grande desenvolvimento da "engenharia genética" nas duas últimas décadas veio a possibilitar intervenções no corpo humano até então não imagináveis nem, muito menos, previstas pelo direito. A proteção fornecida pelo aparato jurídico ao corpo humano se restringia a seus aspectos físicos e/ou fisiológicos, não se vislumbrando sequer a necessidade de uma proteção em nível de material genético. Porém, com o desenvolvimento da tecnologia que veio a "permitir o acesso ao interior da estrutura molecular do DNA e às regiões até então insondáveis dos genes" (Moura, 2003, p.5), o aparato jurídico de que se dispunha tornou-se insuficiente para dar conta das novas ameaças de lesão ao corpo humano. Em verdade, a própria noção de corpo humano passou por um redimensionamento, vindo a exibir uma faceta genética não absorvida pelos conceitos tradicionais. O fato é que, diante das novas possibilidades abertas pela ciência, surgiu a necessidade, ética e jurídica, de uma ampliação da proteção ao corpo humano, de modo a abranger também o material genético do homem. É nesse sentido, ou seja, dos novos aspectos que vêm sendo adicionados no viés jurídico e ético do corpo humano em razão das novas tecnologias científicas, e da necessidade de atualização e adequação da proteção jurídica ao corpo em compasso com as novas descobertas, que Dias (2001, p.90) afirma estarmos hoje a viver

um tempo em que se está a reescrever o estatuto jurídico do corpo humano. Muitas regras jurídicas tradicionais, e bem assim os conceitos que lhes

DIREITO, ÉTICA E BIOSSEGURANÇA 165

serviram de suporte, têm dificuldade em se adequar aos problemas com que são confrontadas. A realidade material tem evoluído, e a tendência não deixará de se acentuar a velocidade significativamente superior à capacidade de previsão e adaptação legislativas.

Assim é que o direito ao corpo vem se desdobrar no que ora denomina-se *direito ao genoma humano*, o qual, como será visto, tanto pode ser encarado pelo prisma do indivíduo, como direito individual (direito à integridade, à individualidade e à intimidade genéticas), quanto pelo prisma da humanidade, como autêntico direito difuso. A bem se ver, o direito ao genoma humano, mais do que mero desdobramento do direito ao corpo, afigura-se como novo direito que supera e inova a proteção jurídica com relação ao último. A rigor, como será visto, apenas o direito à integridade genética poderia ser encarado como verdadeiro desdobramento do direito ao corpo.

De qualquer forma, o importante é perceber que o direito ao genoma humano acaba por imprimir um novo enfoque ao já consagrado direito ao corpo, bem como ao direito à vida, agora encarados sob o prisma genético. Como afirmado anteriormente, não há mesmo direito humano que não se reporte, em algum grau, ao direito à vida, e a proteção do genoma humano, tal qual a proteção do corpo e da saúde humanas, mais aparece como nova forma de se proteger e amparar a vida humana frente aos riscos colocados pelas novas biotecnologias na área da genética. Esse parece ser o entendimento de Alarcón (2004, p.191 e 189) quando propõe a "proteção da vida a partir da abordagem genética e suas atuais decorrências", sustentando uma mutação na interpretação constitucional do direito à vida, agora observada a partir do olhar genético.

Inegável, pois, a íntima relação que se estabelece entre o direito ao genoma humano e os direitos à vida, à saúde e ao corpo, o que se revelará importante, sobretudo, para a análise da obrigação do Estado na proteção da constituição genética humana. Aliás, diante do que foi exposto no capítulo anterior, há que reconhecer que uma especial relação liga o direito ao genoma humano aos direitos à vida e à saúde, já que algumas técnicas de manipulação genética humana, sobre terem implicações no código genético da pessoa, as têm diretamente com a vida e a saúde dessa. De fato, algumas técnicas de intervenção genética trazem riscos para a própria vida e saúde da pessoa que a elas se submete, de modo que a proteção do ser humano nesses casos dar-se-á tanto pelo enfoque do direito ao genoma humano quanto pelo enfoque dos direitos à vida e à saúde. Além disso, o acesso às novas tecnologias terapêuticas desenvolvidas no âmbito da genética, como é o caso da geneterapia, deverá ser analisado sob o ângulo do direito à saúde, o qual acarreta para o Estado a obrigação de garantir a todos o acesso aos meios e recursos de saúde propiciados pelo avanço da ciência.

Vezes haverá, ainda, que a proteção jurídica do genoma humano em um ou outro sentido dependerá da extensão que se dê ao direito à vida, ou mais precisamente, do momento a partir do qual se considera existir vida humana a ser protegida pelo direito. É o que ocorre nas hipóteses em que a manipulação genética atua sobre embriões humanos, com a possibilidade de sua destruição ou, no mínimo, de sérios riscos para o seu desenvolvimento ulterior. Por isso, uma compreensão acerca das diversas variáveis envolvidas na definição do momento em que se considera iniciada a vida humana será fundamental para o enfrentamento de diversas questões que surgirão no decorrer deste trabalho. É o que será analisado em seguida.

A vida humana e sua proteção jurídica

A determinação do momento em que se inicia a vida humana não encontra solução única e determinada no ordenamento jurídico vigente, de modo que a opção a favor de um ou outro entendimento será não estritamente legal, mas uma decisão na qual influirão fatores de diversas ordens – religiosa, política, ideológica, filosófica, científica e, também, jurídica. Nesse sentido, fica evidente que a posição que se apóia na teoria concepcionista e rejeita qualquer procedimento que envolva a destruição de embriões, ressente-se de uma forte influência dos dogmas do catolicismo e, como tal, não deve ser adotada, pura e simplesmente, como verdade incontestente, por um Estado que se pretende laico.

DIREITO, ÉTICA E BIOSSEGURANÇA 167

Em verdade, a questão acerca do início da vida humana merece uma reflexão aprofundada por todos os setores da sociedade, posto estar diretamente implicada com o próprio destino da espécie humana. Sobretudo no campo do direito, a temática ganha contornos específicos e polêmicos quando se considera o problema em face do direito à vida assegurado em nível constitucional. Pela óptica do biodireito, vários são os questionamentos que surgem quando se consideram os diversos procedimentos e técnicas que têm implicação direta com a vida humana, como o aborto, a eutanásia, as técnicas de reprodução assistida que geram embriões excedentes e, no que interessa especialmente, a obtenção de células-tronco a partir de embriões, bem como as intervenções genéticas em nível embrionário etc. Especificamente quando se trata de técnicas que lidam com embriões humanos, fica sempre latente o questionamento acerca de qual destino dar a esses embriões obtidos em laboratório, o que pressupõe a resposta a outras indagações: os embriões crioconservados já são vida humana? São "pessoas"? Podem ser descartados ou devem permanecer perpetuamente congelados? Podem ser utilizados em pesquisas científicas? Podem ser utilizados como fonte de células-tronco? Podem sofrer intervenções genéticas de caráter eugênico? Enfim, os questionamentos são inúmeros, mas a resposta possível de todos eles parece passar por um eixo comum: o momento em que se considera ter início a vida humana.

Quando se inicia a vida humana? A resposta a essa questão representa mesmo um divisor de águas quando se analisam a eticidade e a juridicidade de diversas técnicas disponibilizadas pela ciência. Isso porque o início da vida humana freqüentemente é identificado com o momento a partir do qual se torna necessária a proteção do ser humano; vale dizer, o momento a partir do qual o direito à vida, previsto na Constituição Federal, precisa ser respeitado e preservado. Assim, a própria licitude de algumas técnicas passa pela definição de quando se considera iniciada a vida humana. Conforme se eleja um ou outro critério para determinação do início da vida, diferentes serão as conclusões com relação à possibilidade jurídica e à eticidade da aplicação daquelas técnicas.

Necessário é, portanto, analisar as várias teorias a respeito do início da vida humana.

Para início de reflexão, parece importante considerar uma questão que se coloca logicamente como anterior: o que é vida? Em seu sentido puramente biológico, a vida pode ser compreendida como um complexo conjunto de fenômenos bioquímicos, que seguem leis fixas e cujo normal funcionamento se traduz em um equilíbrio biológico e físico-químico e em uma constância dos valores orgânicos (Calabuig, 1998, p.152).

Com relação ao início da vida humana, são cinco as principais teorias acerca do assunto, a saber: teoria concepcionista, teoria da nidação, teoria do 14º dia, teoria da configuração dos órgãos e teoria da viabilidade (Lorentz, 2002, p.337-40).

Para a primeira dessas teorias, a vida humana começa no exato momento da concepção, ou seja, da fecundação do óvulo pelo espermatozóide. Para essa teoria, que adota como referencial a concepção, tanto os embriões intra-uterinos – oriundos da fertilização convencional, natural – como os embriões extra-uterinos – oriundos do processo de fecundação *in vitro*, e ainda não implantados no útero materno – já seriam seres humanos. Segundo os adeptos dessa corrente, uma vez fecundado o óvulo pelo espermatozóide, inicia-se um processo contínuo de desenvolvimento do embrião, que culmina no nascimento de um novo ser humano. A nidação – momento em que o ovo é fixado no útero materno – é apenas uma fase desse longo processo de desenvolvimento do embrião, que, substancialmente, nada acrescenta ao embrião já formado, apenas fornecendo-lhe condições ambientais favoráveis para seu desenvolvimento. A teoria concepcionista rejeita, portanto, a idéia de que os embriões extra-uterinos, oriundos da fertilização *in vitro*, enquanto não implantados no útero materno, não passam de um aglomerado de células, não possuindo vida humana.

Os adeptos da teoria concepcionista entendem, portanto, que desde a concepção já existe um novo ser humano, que precisa ser protegido como tal. Considera-se que o ovo – primeiro estágio que sucede à união do óvulo com o espermatozóide – possui material genético próprio e distinto daquele dos seres do qual se originou. E é esse material genético próprio que propiciará seu desenvolvimento até o final do processo de sua formação e durante toda a sua vida. O ovo, portanto, já é dotado das informações genéticas que conduzirão seu desenvolvimento e, por

DIREITO, ÉTICA E BIOSSEGURANÇA 169

isso, já é dotado de vida. Nessa perspectiva, o que distingue a espécie humana é seu genoma, e o embrião, logo em seus primeiros estágios, já é dotado de parcela desse genoma que individualiza e distingue a nossa espécie, vale dizer, já é dotado de humanidade.

A teoria concepcionista é a adotada pelas religiões cristãs em geral e, especialmente, pela Igreja católica. Para essa, desde a concepção já existe um novo ser humano e, sobretudo, um ser dotado de alma. A Igreja católica defende a existência de vida humana, desde a fecundação, como algo divino. Entende-se que a vida humana é um dom de Deus, Senhor da vida, e nesse sentido ela se reveste de um caráter sagrado. Na medida em que se considera que é Deus que permite e concede que o óvulo seja fecundado pelo espermatozóide, também todo o desenvolver posterior desse embrião será "abençoado" por Deus e por ele guiado. O mandamento bíblico "não matarás" é indicador da sacralidade da vida humana, abrangendo-a desde a fecundação até a morte.

Recentemente, em artigo publicado na *Folha de S.Paulo*, o arcebispo Dom Geraldo Majella Agnelo (2004, p.A3) bem manifestou a posição da Igreja católica com relação ao início da vida:

> Sabidamente, o embrião, desde a primeira fusão e as primeiras divisões celulares, já dispõe de todas as "informações" necessárias para os desdobramentos posteriores. A vida é um processo que tem início com a fecundação. Afirmamos, uma vez mais, e com toda a ênfase, que a vida deve ser respeitada em todos os momentos, desde o seu início até o seu fim.

Já para a teoria da nidação, adotada por parcela significativa dos médicos e da comunidade científica, entende-se que enquanto não fixado no útero materno, o embrião não tem condições de se desenvolver e, portanto, não tem vida. Dessa forma, os embriões crioconservados nas clínicas de reprodução assistida não passam de um aglomerado de células, sem nenhuma potencialidade ou viabilidade de vida enquanto permanecerem fora do útero materno. Sem a implantação no ventre materno, os embriões crioconservados permanecerão, indefinidamente, no estágio de ovo ou zigoto, que alguns preferem ainda denominar de "pré-embrião". É somente com a nidação que o embrião se torna pessoa em potencial, pois só a partir desse momento se reúnem todas as condições necessárias para o desenvolvimento da vida humana.

Há ainda aqueles que consideram que a vida humana principia a partir do 14º dia da fecundação, quando o embrião já apresenta um rudimentar desenvolvimento nervoso. Para essa teoria, somente quando se desenvolve o sistema nervoso central é que se pode falar em vida, pois é esse sistema que irá regular e dirigir todos os demais processos fisiológicos e psicológicos que envolvem a vida humana. Em última instância, essa teoria adota o critério de morte cerebral ao inverso: se a morte ocorre com o fim da atividade cerebral, a vida inicia-se com o princípio da atividade cerebral, ainda que em seu estágio mais rudimentar de desenvolvimento. Essa teoria vem ganhando considerável adesão entre os cientistas.

Já pela teoria da configuração dos órgãos, o que se considera como critério para o início da vida é a presença dos órgãos que constituem o corpo humano, pois são esses órgãos, em seu conjunto, que garantirão a vida extra-uterina. Considera-se, sobretudo, a formação do órgão sexual, pois quando esse se encontra definido é que se pode falar em individualidade e, portanto, em *pessoa*. Antes da formação do órgão genital não se pode nem sequer afirmar se se trata de um homem ou uma mulher, logo, o ser até então existente não se configura como ser humano, pois esse tem como inerente o aspecto da individualidade.

Por fim, segundo a teoria da viabilidade,[1] somente haverá vida humana se o ser em formação vier a nascer com vida (em que pese o pleonasmo) e vida viável. Não basta, portanto, nem mesmo o nascimento "com vida"; requer-se que essa vida seja viável, isto é, que tenha condições de desenvolver-se fora do útero com certo grau de continuidade.

---

1   Viável é o ser que tem vida e possibilidade de, com técnicas de neonatologia, ganhar peso e chegar a um desenvolvimento normal. Viabilidade é atributo que se distingue de maturidade. Esta se liga ao processo de maturação, entendido como o processo de transformação e desenvolvimento de órgãos para o exercício pleno de suas funções. Todo feto com maturidade é viável (se eutrópico), mas nem todo feto viável tem maturidade. (informação verbal do Prof. Dr. João Bosco Penna, em 7 de novembro de 2005).

DIREITO, ÉTICA E BIOSSEGURANÇA **171**

Percebe-se, portanto, que diversos critérios são apontados para se definir o início da vida humana e é dessa definição que decorrerá o alcance e a extensão do direito à vida previsto na Lei Maior. Essa, como se verá a seguir, não faz opção por nenhum critério, de modo que se encontra mesmo aberta a questão acerca de quando a vida humana merece a proteção do direito. A opção por um dos critérios acima apontados, portanto, não é legal, mas de cunho eminentemente ideológico e político, e conforme prevaleça um ou outro entendimento, diferentes serão as soluções apontadas para as diversas questões suscitadas pelas novas técnicas desenvolvidas pela ciência.

Conforme anotado, o direito à vida, no Brasil, tem previsão constitucional. No Capítulo I do Título II da Constituição Federal ("Dos direitos e deveres individuais e coletivos"), o artigo 5º, *caput*, proclama a inviolabilidade do direito à vida. A vida é, pois, reconhecida como direito fundamental. Qual, porém, a amplitude do direito à vida? A partir de qual momento a Constituição Federal protege o ser humano? Quando é que a vida humana tem-se por iniciada para fins de garantia e preservação do direito à vida?

Observa-se que a Constituição Federal, apesar de reconhecer e proclamar o direito à vida, não estabelece, em nenhuma passagem, o termo inicial desta vida humana. Tivesse a Lei Maior estabelecido um marco a partir do qual se considera iniciada a vida humana, estaria resolvida grande parte das discussões que hoje se colocam em torno das novas técnicas que lidam com a vida do ser humano. No entanto, o legislador constitucional deixou essa árdua tarefa para os aplicadores do direito e, de certa forma, para toda a sociedade (os *sujeitos do direito*).

Em nível infraconstitucional, também a legislação não oferece solução para o problema do início da vida humana. Nem mesmo o artigo 2º do Código Civil, que segundo muitos doutrinadores traz a chave para a questão, soluciona o problema. Diz o citado artigo: "Art. 2º - A personalidade civil da pessoa começa do nascimento com vida; mas a lei põe a salvo, desde a concepção, os direitos do nascituro".

Assim, o que o Código Civil preceitua é que a personalidade – aptidão para adquirir direitos e contrair obrigações – começa do nascimento "com vida". Nascendo "com vida", os direitos da pessoa retroagem à data da concepção. Portanto, o que o diploma civil estabelece não é, jamais, que a vida principia com a concepção; apenas que, se o nascituro vier a nascer, seus direitos serão considerados desde o momento da concepção. Ou seja, o Código Civil estabelece uma hipótese em que os direitos da pessoa retroagem à data em que ainda não havia pessoa alguma. Outrossim, é de atentar para a expressão "nascituro" utilizada pela lei. O que é o nascituro? Segundo entendimento já tradicional em nosso direito, nascituro é aquele que se encontra no ventre materno; é o já concebido, mas ainda não nascido; é o que está para nascer.

O dispositivo legal mencionado não serve, portanto, para fundamentar nenhuma posição acerca do início da vida humana, de um lado porque a lei só protege o ser humano a partir de seu nascimento, ainda que, uma vez nascido, seus direitos retroajam à data da concepção; de outro lado porque a expressão "nascituro", entendida como o embrião que se encontra no útero materno, claramente não abrange os embriões conservados nas clínicas de fertilização assistida, pelo que não se tem, com base no Código Civil, solução para os problemas oriundos das técnicas de reprodução assistida que envolvem a produção de embriões excedentes.

O Estatuto da Criança e do Adolescente (ECA) também não oferece nenhuma diretriz para a definição do momento em que se inicia a vida humana, bem como não oferece amparo à proteção dos embriões crioconservados. O artigo 7º do ECA, que cuida do direito à vida das crianças e adolescentes, também se refere ao "nascimento", mas não indica nenhum critério para aferição do início da vida: "Art. 7º – A criança e o adolescente têm direito a proteção à vida e à saúde, mediante a efetivação de políticas sociais públicas que permitam o nascimento e o desenvolvimento sadio e harmonioso, em condições dignas de existência".

Vê-se, portanto, que o ordenamento jurídico brasileiro em nenhum momento sequer se inclina para a adoção de algum critério relativo ao início da vida humana. A opção por tal ou qual critério, no momento da elaboração de novas leis e no momento da aplicação do direito, não encontra resposta definitiva e única na ordem jurídica, de modo que se torna forçoso reconhecer que a definição de um marco

DIREITO, ÉTICA E BIOSSEGURANÇA 173

para o início da vida humana envolve uma opção eminentemente política e ideológica.

E nesse sentido, é de admitir que as concepções jurídicas nacionais que adotam a teoria concepcionista refletem uma opção ditada por crenças e dogmas religiosos, o que vem repercutindo no processo de tomada de decisões jurídicas, como é o caso do processo de elaboração legislativa. Basta lembrar os embates que se travaram na discussão do projeto da nova Lei de Biossegurança, em que as bancadas evangélica e católica exerceram forte pressão para que não fosse permitido o uso de embriões descartados das clínicas de reprodução assistida em pesquisas científicas.

De fato, a teoria concepcionista, tal como adotada pela Igreja católica, entende que há vida humana sagrada desde a concepção, de modo que a destruição dos embriões excedentes ou mesmo sua utilização em pesquisas científicas violaria o mandamento bíblico fundamental – "não matarás". Esse argumento tem sido utilizado, por exemplo, para condenar-se, pelo prisma ético, a clonagem terapêutica humana, vez que a retirada de células-tronco embrionárias acarretaria a "morte" do embrião, embora aí parece passar despercebida a circunstância de que o "embrião" obtido por meio da clonagem terapêutica não é fruto de concepção (união do óvulo e do espermatozóide).[2]

Sem embargo do respeito ao direito de crença religiosa, também alçado à condição de direito fundamental pela Constituição Federal de 1988, é de reconhecer e nunca perder de vista a natureza laica do Estado brasileiro. Essa condição de Estado laico impõe que as decisões políticas, incluídas as legislativas e jurisdicionais, não sejam tomadas com base em crenças religiosas que não são compartilhadas pela unanimidade do povo brasileiro. A liberdade de consciência e de crença é direito individual que como tal deve ser exercido e respeitado, não se podendo, entretanto, tolerar que crenças religiosas específicas venham a condicionar a tomada de decisões pelo Estado laico brasileiro.

---

2   A respeito, remete-se o leitor ao capítulo anterior, no qual a questão foi abordada.

Se parece uma tendência nos meios jurídicos a adoção da teoria concepcionista, diverso tem sido o entendimento da comunidade científica e da classe médica em geral, as quais têm se inclinado para os critérios da nidação e do 14° dia para fixar o início da vida humana. Considera-se que somente com o início da formação do sistema nervoso se pode falar em vida humana, ou que antes da nidação o embrião não passa de um conjunto de células sem nenhuma viabilidade para desenvolver-se até chegar a um ser humano. Sobretudo quando se consideram os embriões crioconservados, fica evidente que antes de serem transplantados no útero materno, não podem ser considerados como dotados de vida humana e, logo, não poderiam figurar como titulares do direito à vida previsto na Constituição Federal. Ainda assim, é bom destacar que nem mesmo na comunidade científica e médica existe consenso acerca do início da vida humana. Embora tenha se firmado uma definição científica de morte (morte cerebral), quanto ao início da vida, não há definição científica.

De qualquer forma, é interessante notar que todas as teorias expostas acerca do início da vida humana se prendem ao caráter estritamente biológico da vida, sem levar em conta que o ser humano, diferentemente dos demais seres vivos, tem sua existência marcada por uma consciência reflexiva, pelo senso de liberdade e de responsabilidade, o que remete a idéia de *pessoa*. Talvez não por acaso a Constituição Federal fale em "dignidade da *pessoa* humana", e não simplesmente do ser humano. Ora, a se prender pelo conceito estritamente biológico de vida, não resta dúvida de que existe vida desde a concepção, ou desde a fusão do óvulo com a célula somática (na clonagem). Em verdade, quando se procura dizer que há vida a partir de determinadas manifestações, abranger-se-á como vivas cada uma das células de um organismo, um espermatozóide, um óvulo e, ainda, uma pessoa em coma profundo (Segre e Guz, 2005, p.A3).

Nesse sentido biológico, é até mesmo equivocado falar-se em início da vida, pois que aí a vida é antes um processo (processo vital) que apenas tem continuidade quando é concebido um novo ser. Aliás, a capacidade de reprodução é uma das manifestações que geralmente vêm associadas ao conceito biológico de vida, mas a reprodução, bio-

DIREITO, ÉTICA E BIOSSEGURANÇA **175**

logicamente falando, não inicia nada, apenas continua o processo vital. Desse modo, dada a impossibilidade de se estabelecer o início e o fim da vida dentro desse processo vital, qualquer tentativa de demarcação teria um caráter puramente aleatório (idem, p.A3) ou arbitrário, ora a concepção ora a nidação ora a formação do sistema nervoso, e assim por diante. Veja-se que nem mesmo a ciência oferece um conceito unívoco do que seja vida. Por isso, o cientista, o biólogo ou o médico poderão, no máximo, oferecer uma descrição dos fenômenos biológicos, mas jamais decidir quando a vida humana começa ou termina (ibidem).

Por isso, parece mesmo com razão Segre & Guz (ibidem) quando afirmam que o que importa, efetivamente, "é definir a partir de quando, e até quando, queremos considerar e respeitar 'algo' como vivo", isto é, "a partir de quando e até quando, *de acordo com os valores de nossa sociedade*, devemos respeitar a vida" (grifo nosso). Se, pelo aspecto biológico, a vida está presente desde um amontoado de células até uma *pessoa* com uma história já construída, é a sociedade que terá de decidir qual vida ela deseja respeitar: se a vida de um embrião conservado em laboratório, que jamais daria origem a qualquer pessoa, ou se a vida de uma pessoa que sofre de uma doença degenerativa.

Caminhando para uma conclusão acerca do assunto, é oportuno reafirmar, uma vez mais, que o direito à vida não se encontra delimitado, quanto a seu início, em nenhuma norma constitucional ou infraconstitucional do ordenamento jurídico brasileiro, e que, outrossim, a natureza laica do Estado brasileiro impede que determinado posicionamento religioso se imponha como critério para as decisões políticas que, ao final, serão impostas a todo o povo brasileiro, independentemente da adoção ou não de uma crença religiosa, e de qual delas. É preciso que se tenha a consciência de que as políticas públicas e as decisões legislativas e jurisdicionais nesse setor não podem estar submetidas a valores de uma crença religiosa específica que, apesar de predominante, não é compartilhada pela unanimidade do povo brasileiro. Essa consciência deve estar presente no momento de se permitir ou não a utilização de novas tecnologias e a realização de novos experimentos científicos (como a clonagem terapêutica), bem como na decisão acerca do destino a ser dado aos embriões crioconservados: mantê-los indefinidamente congelados em nome de uma "vida" que se diz sagrada ou destiná-los para a pesquisa científica que poderá salvar inúmeras vidas, essas sim já existentes, de "pessoas de carne e osso"?

Nesse sentido, justamente porque a definição do início da vida humana é questão que toca toda a sociedade brasileira, e não só a comunidade científica ou as ordens religiosas, é que se entende que não caberá nem aos cientistas, nem a uma religião qualquer, nem aos operadores do direito, nem ao legislador, estabelecer o marco inicial da vida humana. Caberá à sociedade brasileira decidir a partir de qual momento a vida humana deve ser respeitada e protegida, no exercício da participação política típica do Estado Democrático de Direito previsto em nossa Carta Constitucional, para só então cristalizar-se a decisão em um instrumento legislativo. A sociedade brasileira deverá, pois, ser chamada a participar desse debate e, mais do que isso, a efetivamente tomar parte na decisão que ora se coloca (mediante a convocação de plebiscito ou referendo), já que dessa participação é que dependerá a própria legitimidade da opção a ser feita. Assim, não só se estará dando efetividade ao Estado Democrático de Direito instituído pela Constituição Federal de 1988, como se estará democratizando o processo de tomada de decisões no campo científico, no rumo de uma ciência libertadora, que dialoga com o senso comum e que se torna senso comum.

Logo, diante da questão colocada, dentre todos os critérios propostos pela ciência, pelas religiões, pela filosofia, parece que deve mesmo prevalecer o *critério político*, isto é, aquele que atribui à sociedade a legitimidade e a responsabilidade para decidir, sopesando todos os critérios propostos e também levando em conta os fatores sociais, culturais e políticos, qual a vida humana que deve ser respeitada e protegida.

Direito ao genoma humano como novo direito humano

Os direitos humanos constituem uma categoria especial de direitos passíveis de titularidade e fruição pela pessoa humana. Inicialmente, pode-se lembrar aquela distinção que separa os direitos de ordem patrimonial e os direitos não patrimoniais. Dentre esses,

DIREITO, ÉTICA E BIOSSEGURANÇA **177**

os direitos humanos aparecem como aqueles inerentes à pessoa humana, direitos para cuja titularidade e fruição basta ser "homem".

São, assim, direitos ligados à própria natureza humana, direitos a que todo homem faz jus pelo simples fato de ser "homem", posto que sem eles não é sequer possível falar em vida humana, ou, mais do que isso, em vida humana com dignidade. Como decorrência dessa inerência à pessoa humana, tem-se que os direitos humanos são direitos universais, no sentido de que pertencem a todos os membros da espécie humana, independentemente de qualquer atributo pessoal ou da posição social que ocupam (Weis, 1999, p.112).

Há que observar, no entanto, que a realidade histórica em que esses direitos humanos são proclamados e onde devem ser efetivados tem feito um alerta constante, que parece não querer calar: na realidade histórica da sociedade capitalista, não basta ser "homem" para poder fruir os direitos humanos; é preciso ser "homem solvente", como denuncia Kurz (2003). De fato, a fruição de direitos humanos básicos (saúde, alimentação, vestuário, moradia, educação etc.) cada vez mais fica condicionada ao *status* de ser homem *incluído* no mercado, dada a concreta *mercantilização* daqueles direitos. Por isso, mais do que nunca, os direitos humanos desafiam o Estado a efetivamente assumir seu papel de provedor (não mero garantidor) dos direitos humanos, sobretudo quando o que se tem é um Estado Democrático de Direito.

Percebe-se, assim, que a luta em torno dos direitos humanos se processa em duas frentes: primeiramente, a luta por sua instituição (positivação), e em segundo lugar, a luta por sua efetivação. Nisso se entremostra a extrema historicidade dos direitos humanos e, talvez, sua principal diferença com relação ao direito natural, tal como foi este pensado durante séculos. A luta histórica que envolve a conquista dos direitos humanos torna superada e metafísica qualquer visão que pretenda enxergar esses direitos como eternos, imutáveis, dados de uma vez para sempre, absolutos, incondicionados, numa palavra, a-históricos.

A propósito de seu caráter histórico, costuma-se classificar os direitos humanos em *gerações*, cada qual decorrente de uma luta social específica travada no plano da história. Assim, fala-se nos direitos humanos de primeira geração, representados pelos direitos civis e políticos, de natureza individual, constituídos em torno do valor "liberdade" e emergentes das revoluções burguesas dos séculos XVII e XVIII. Uma segunda geração de direitos humanos seria constituída pelos direitos sociais, econômicos e culturais, os quais albergam o valor "igualdade" e são fruto da luta proletária do século XIX. Por fim, os direitos humanos de terceira geração seriam aqueles concernentes a toda a humanidade, representados pelos direitos à paz, à não proliferação nuclear, ao meio ambiente sadio e de qualidade, à autodeterminação dos povos, ao desenvolvimento etc., constituídos em torno do valor "solidariedade" e emergentes da luta dos sujeitos coletivos (movimentos sociais, ONG, associações civis), sobretudo a partir do fim da Segunda Guerra Mundial (1945).

Tradicionalmente, portanto, os direitos humanos são classificados naquelas três gerações, representativas, cada qual, de diferentes lutas históricas. No entanto, já há quem fale em uma quarta geração de direitos humanos, como Paulo Bonavides (1999, p.524), para quem "a globalização política na esfera da normatividade jurídica introduz os direitos da quarta geração, que, aliás, correspondem à derradeira fase de institucionalização do Estado social". Assim, segundo Bonavides (1999, p.525-6), seriam direitos humanos de quarta geração "o direito à democracia, o direito à informação e o direito ao pluralismo", os quais "compendiam o futuro da cidadania e o porvir da liberdade de todos os povos. Tão-somente com eles será legítima e possível a globalização política". Também Norberto Bobbio (1992, p.6), embora sob outra perspectiva, proclama o surgimento de direitos humanos de quarta geração, "referentes aos efeitos cada vez mais traumáticos da pesquisa biológica, que permitirá manipulações do patrimônio genético de cada indivíduo".

Feitas essas considerações, caberia indagar sobre a natureza do *direito ao genoma humano*. Em primeiro lugar, tem-se que o direito ao genoma humano se caracteriza como autêntico *direito humano*, posto que, diante das atualmente amplas possibilidades de intervenção no código genético humano, a proteção do genoma humano aparece como inerente à própria pessoa humana, revelando-se como um direito de caráter não patrimonial e de estreita vinculação com a própria noção

DIREITO, ÉTICA E BIOSSEGURANÇA 179

de vida humana, agora encarada também sob o enfoque genético. O surgimento do direito ao genoma humano em decorrência das novas potencialidades de violação da dignidade humana abertas pela engenharia genética só vem a reafirmar o caráter histórico dos direitos humanos, os quais efetivamente "nascem quando devem ou podem nascer [...] nascem quando o aumento do poder do homem sobre o homem – que acompanha inevitavelmente o progresso técnico [...] – ou cria novas ameaças à liberdade do indivíduo, ou permite novos remédios para as suas indigências" (Bobbio, 1992, p.6).

Sob o prisma do indivíduo, o direito ao genoma humano aparece como *direito individual*, de fruição divisível e titularidade determinada (a pessoa), desdobrando-se nos direitos à intimidade, à integridade e à individualidade ou identidade genéticas. Sob o prisma da espécie humana, e considerando-se que da proteção do genoma humano depende a própria sobrevivência da humanidade enquanto espécie, o direito ao genoma humano aparece como *direito difuso*, de fruição indivisível e de titularidade indeterminada e indeterminável (a humanidade como um todo). Aliás, considerando-se a extrema relevância da proteção do genoma humano diante das novas técnicas de manipulação genética e até mesmo do patenteamento de genes humanos, o genoma humano configura-se como verdadeiro *patrimônio da humanidade*, em defesa do qual a sociedade planetária (Estados e sociedade civil) há de se mobilizar. Por fim, parece que o direito ao genoma humano se insere numa *quarta geração de direitos humanos*, tal como preconizada por Bobbio, representada pelos novos direitos biomédicos e biotecnológicos, oriundos da revolução biológica e biomédica verificada, sobretudo, a partir das duas últimas décadas do século XX, quando a ciência aumentou profundamente seu poder de intervenção na vida animal e vegetal do planeta.

Expressão do surgimento desses novos direitos são as declarações internacionais de direitos que começam a aparecer, dentre as quais, destaca-se: A Declaração Universal sobre Bioética e Direitos Humanos, aprovada em 19 de outubro de 2005 pela 33ª Conferência Geral da Organização das Nações Unidas para Educação, Ciência e Cultura (Unesco); especificamente com relação à questão genética, a Declaração Universal sobre o Genoma Humano e os Direitos Humanos, aprovada em 11 de novembro de 1997 pela 29ª Conferência Geral da Unesco, e a Declaração Internacional sobre os Dados Genéticos Humanos, aprovada em 16 de outubro de 2003 pela 32ª Conferência Geral da Unesco. Essas declarações, conforme entendimento dominante, embora não tenham força vinculante para os Estados, para esses não gerando obrigações imediatas, valem como recomendação da Organização das Nações Unidas (ONU), com valor especial, diante de sua solenidade e universalidade (Weis, 1999, p.69). Assim, elas fornecem uma estrutura universal de princípios que devem orientar os Estados na formulação de sua legislação, políticas públicas e outros instrumentos no campo da bioética, e o Brasil, como membro da Unesco, tendo participado das conferências que aprovaram as mencionadas declarações, deve observar os princípios nelas proclamados.

Importante destacar, também, a Declaração Ibero-Latino-Americana sobre Ética e Genética, adotada em Manzanillo, em 1996, e revisada em Buenos Aires, em 1998. Essa declaração foi formulada e revisada nos Encontros sobre Bioética e Genética, realizados naquelas cidades com a participação de diversos países da América Latina, incluindo o Brasil, e com a participação da Espanha. Embora não se trate de documento com o mesmo caráter e valor jurídico das declarações da Unesco e de outros organismos internacionais, o documento exprime o entendimento dos especialistas em bioética da região e deve valer como proposta de princípios a serem adotados pelos países representados nos dois encontros.

Genoma humano: direito difuso e patrimônio da humanidade

Usando de uma terminologia própria, e muito útil para evidenciar sua natureza, Weis (1999, p.62) chama de "direitos humanos globais" aqueles direitos compreendidos na terceira e na quarta gerações de direitos humanos, tal como explicitadas no item anterior. Segundo o autor, seria mesmo lícito falar em "direitos humanos globais" com uma certa especificidade em relação aos demais, diante de sua "titularidade

DIREITO, ÉTICA E BIOSSEGURANÇA 181

coletiva ou difusa, pertencendo a grupos sociais determinados, a um povo, ou mesmo à Humanidade inteira", posto que destinados a proteger "os interesses que transcendem a órbita individual".

De fato, o grande avanço da ciência e da tecnologia nos últimos anos representou, por mais contraditório que possa parecer, uma ameaça para a sobrevivência da espécie humana, de modo que a fruição dos direitos civis, políticos, sociais, econômicos e culturais, tornou-se problemática diante dos perigos de destruição da vida no planeta. Daí o surgimento dos "novos direitos humanos", de caráter global, como o direito ao meio ambiente sadio, à paz, ao desenvolvimento sustentável, à livre determinação dos povos, ao patrimônio comum da humanidade etc. (Weis, 1999, p.63).

Não resta, pois, dúvida de que o direito ao genoma humano se insere nessa perspectiva dos "direitos humanos globais", já que sua proteção é questão que interessa a toda a humanidade, dado que a preservação do genoma humano se impõe como condição para a preservação da espécie humana.

O direito ao genoma humano caracteriza-se, assim, como autêntico direito transindividual, de natureza difusa. Direitos difusos são aqueles de natureza indivisível, de que sejam titulares pessoas indeterminadas (e indetermináveis) e ligadas por circunstâncias de fato, de acordo com a definição dada pela Lei Federal n. 8.078/1990 (Código de Defesa do Consumidor).

Em verdade, esse caráter difuso do direito ao genoma humano não deixa de ser uma decorrência do próprio direito ao meio ambiente sadio e preservado, desde que se considere o ser humano como parte integrante da biosfera, isto é, da comunidade de vida planetária. Tal qual o direito à preservação ambiental, o direito ao genoma humano encarna a preocupação com o direito das gerações futuras de se beneficiarem das condições que propiciam a vida saudável no planeta Terra, o que inclui a preservação da integridade e da biodiversidade humanas.

Como objeto de um novo direito humano, é que se pode falar no genoma humano como patrimônio da humanidade. Da mesma forma que a natureza (águas, terra, fauna, flora, ar) se constituiu, a partir da noção do direito ao meio ambiente saudável, como patrimônio

182 JULIANA ARAÚJO LEMOS DA SILVA MACHADO

comum da humanidade, também o genoma humano passa a gozar do mesmo *status*.

A propósito, a Declaração Universal sobre o Genoma Humano e os Direitos Humanos proclama, em seu artigo 1º, que "o genoma humano constitui a base da unidade fundamental de todos os membros da família humana bem como de sua inerente dignidade e diversidade" e "num sentido simbólico, é o patrimônio da humanidade". A Declaração Ibero-Latino-Americana sobre Ética e Genética, por sua vez, proclama que "o genoma humano constitui parte do patrimônio comum da humanidade como uma realidade e não como uma expressão meramente simbólica" (artigo 2º, "b"). Por fim, a Declaração Universal sobre Bioética e Direitos Humanos lista, dentre seus objetivos, "salvaguardar e promover os interesses das gerações presentes e futuras" e "ressaltar a importância da biodiversidade e sua conservação como uma preocupação comum da humanidade" (artigo 2º, vii e viii), destacando, ainda, que "o impacto das ciências da vida nas gerações futuras, incluindo sua constituição genética, deve ser devidamente considerado" (artigo 16).

Nessa perspectiva difusa, torna-se totalmente inconcebível qualquer forma de apropriação do material genético humano, eis que esse, constituindo-se em patrimônio da humanidade e objeto de direito difuso, encontra-se fora do comércio e insuscetível de ser monopolizado por quem quer que seja (entes públicos ou privados). Assim é que a concessão de patentes sobre genes, cromossomos ou quaisquer partes de DNA humano revela-se ética e juridicamente inaceitável.

Não obstante, é sabido que, especialmente após o início do Projeto Genoma Humano, inúmeros pedidos de patentes têm sido registrados e concedidos mundo afora,[3] já que o tratamento conferido internamente por cada país a essa questão tem sido muito variado. A proteção que se confere ao genoma humano em alguns países (como é o caso do Brasil), impedindo seu patenteamento por não se considerar a mera descoberta como criação intelectual passível de apropriação, é confrontada com a legislação de outros países (como é o caso dos Estados

---

3   Entre 1981 e 1995, foram concedidas 1.175 patentes para seqüências de DNA humano em todo o mundo (Diniz, 2001, p.444).

DIREITO, ÉTICA E BIOSSEGURANÇA 183

Unidos da América), nos quais não se faz distinção entre o que seria invenção e mera descoberta científica (Lacerda, 2002, p.391). Desse modo, fica claro que somente com a adesão a normas internacionais uniformes é que se poderá proteger adequadamente o genoma humano, impedindo-se sua apropriação e comercialização pelas grandes empresas de biotecnologia.

Genoma humano: direitos à integridade, à identidade e à intimidade genéticas

Como decorrência de novas configurações de direitos já consagrados, ou, ainda, diante de uma nova leitura de direitos individuais já reconhecidos e amplamente positivados, porém agora sob o enfoque genético, pode-se falar no direito à identidade genética, no direito à integridade genética e no direito à intimidade genética, como direitos, senão "novos", ao menos renovados, de titularidade individual e objeto divisível, portanto, como direitos individuais, sem dúvida, mas que não escapam totalmente a uma perspectiva difusa. Isso porque a violação desses direitos em relação a uma única pessoa pode trazer conseqüências para toda a humanidade. Assim, por exemplo, uma alteração deletéria do material genético de um embrião ou de células germinativas de uma pessoa apresenta sempre o risco de transmissão à descendência, de modo que a violação do direito à integridade genética pode assumir um caráter que transcende o indivíduo e atinge gerações futuras; a divulgação ou apropriação das informações genéticas contidas em uma única célula de uma única pessoa pode atingir o direito ao genoma humano de todo um povo, como o que ocorreu com os índios yanomamis.[4]

Esses direitos, portanto, embora tenham como titulares imediatos o próprio indivíduo, não podem ser adequadamente pensados e,

---

4 Na década de 1960, pesquisadores norte-americanos coletaram amostras de sangue dos índios brasileiros da tribo yanomami para pesquisas de DNA. Essas amostras encontram-se depositadas no National Cancer Institute, no National Wealth Institute e nas universidades de Michigan, de Emory e da Pensilvânia, e os índios vêm tentando agora obter judicialmente sua devolução (Cunha, 2003).

184 JULIANA ARAÚJO LEMOS DA SILVA MACHADO

sobretudo, protegidos e efetivados, prescindindo-se da perspectiva do direito ao genoma humano como interesse difuso e patrimônio da humanidade.

O *direito à integridade genética*, expressamente reconhecido pela Declaração Ibero-Latino-Americana sobre Ética e Genética (artigo 2°, "a"), pode ser visto como uma nova configuração do já consagrado direito à integridade física (direito ao corpo), agora colocado diante das novas técnicas desenvolvidas pela engenharia genética e das correspondentes novas potencialidades de agressão do corpo humano. Em última instância, esse direito pode ser compreendido no âmbito do também já consagrado direito à saúde. Deveras, o conhecimento e manipulação do genoma humano, se por um lado traz esperanças de cura para inúmeras doenças genéticas, por outro lado, traz novos riscos de lesão à saúde humana.

O *direito à identidade genética* também há que ser reconhecido e comporta um conteúdo bastante amplo. O conhecimento de que o código genético é único e irrepetido em cada ser humano, haja vista que a seqüência das bases nitrogenadas dos nucleotídeos no DNA nunca é igual de uma pessoa para outra, conduz à idéia de uma verdadeira identidade genética. Essa idéia está no centro das novas provas periciais genéticas, hoje usadas freqüentemente em exames de paternidade e também em investigações criminais. Como conteúdo de um novo direito humano, a identidade ou individualidade genética expressa-se como um direito a ser assegurado a toda a pessoa, isto é, o direito a um código genético totalmente uno e singular, fruto de um processo aleatório em que os genes dos progenitores se combinam para dar origem a um novo genoma inteiramente distinto.

É sob essa perspectiva que se condena, ética e juridicamente, a clonagem reprodutiva humana, a qual conduziria à geração, deliberada e intencional, de um ser humano com patrimônio genético idêntico ao da pessoa clonada. Sob esse aspecto, o direito à identidade genética pode ser compreendido no âmbito do já consagrado direito à identidade pessoal, ou direito geral de personalidade, que abrange o direito a atributos como o nome, a honra, a imagem etc. Em verdade, como bem lembrado no preâmbulo da Declaração Universal sobre Bioética

DIREITO, ÉTICA E BIOSSEGURANÇA 185

e Direitos Humanos, "a identidade de um indivíduo inclui dimensões *biológicas*, psicológicas, sociais, culturais e espirituais" (grifo nosso).

O direito à identidade genética, ao proclamar o direito de cada pessoa a uma constituição genética totalmente una e ao reconhecer a natural variabilidade genética humana (biodiversidade humana), conduz, a um só tempo, ao reconhecimento do direito à igualdade genética (o direito que todos têm a um patrimônio genético aleatório e não previamente determinado por outrem) e do direito à diferença genética (o direito a um patrimônio genético uno e irrepetido). O reconhecimento desse direito à diferença, por sua vez, remete ao também necessário direito à não discriminação por razões genéticas.

Nesse sentido, a Declaração Universal sobre o Genoma Humano e os Direitos Humanos reconhece, em seu preâmbulo, que a "diversidade genética da humanidade não deve levar a qualquer interpretação de natureza política ou social que possa colocar em dúvida a 'dignidade inerente e [...] os direitos iguais e inalienáveis de todos os membros da família humana', conforme estabelecido no Preâmbulo da Declaração Universal dos Direitos Humanos", bem como que "a pesquisa sobre o genoma humano e as aplicações dela resultantes [...] deve respeitar inteiramente [...] a proibição de todas as formas de discriminação baseadas em características genéticas", o que é reafirmado em seu artigo 6º. A Declaração Internacional sobre os Dados Genéticos Humanos, por seu turno, prevê que se deve fazer o possível para garantir que "os dados genéticos humanos e os dados proteômicos humanos não sejam utilizados com fins que discriminem, ao terem por objeto ou conseqüência a violação dos direitos humanos, as liberdades fundamentais ou a dignidade humana de uma pessoa, ou que provoquem a estigmatização de uma pessoa, uma família, um grupo ou comunidades" (artigo 7º; tradução nossa). A Declaração Ibero-Latino-Americana sobre Ética e Genética também reconhece expressamente o direito à identidade genética (artigo 2º, "a") e a necessidade de se respeitar "a especificidade e diversidade genética dos povos" (artigo 3º, "d").

Uma devida compreensão do direito à identidade genética e do valor ético que o inspira não pode, entretanto, conviver com qualquer idéia que pretenda reduzir o ser humano a seu patrimônio genético.

186 JULIANA ARAÚJO LEMOS DA SILVA MACHADO

Mais uma vez, e sempre, é preciso ter em mente que não existe determinismo genético, tanto porque o genoma não é capaz de determinar todas as características físicas e fisiológicas do indivíduo (daí a distinção entre genótipo e fenótipo, no qual influi a interação com o meio ambiente), quanto porque a *pessoa* humana é dotada de liberdade, a qual se configura historicamente por meio de suas escolhas, decisões e, sobretudo, de suas ações. O homem é o produto de suas ações e não de seu genoma.

Assim é que se deve compreender o artigo 2º da Declaração Universal sobre o Genoma Humano e os Direitos Humanos, o qual proclama que "a todo indivíduo é devido respeito à sua dignidade e aos seus direitos, independentemente de suas características genéticas" e que "esta dignidade torna imperativa a não redução dos indivíduos às suas características genéticas e o respeito à sua singularidade e diversidade". Por sua vez, a Declaração Internacional sobre os Dados Genéticos Humanos reconhece que "todo indivíduo possui uma configuração genética característica. Sem embargo, a identidade de uma pessoa não deve reduzir-se a seus traços genéticos, pois nela influem complexos fatores educativos, ambientais e pessoais, assim como os laços afetivos, sociais, espirituais e culturais dessa pessoa com outros seres humanos, e comporta ademais uma dimensão de liberdade" (artigo 3º; tradução nossa). Ainda no intuito de se evitar qualquer interpretação determinística de informações genéticas, a mesma declaração recomenda que o assessoramento genético seja não diretivo e atenda ao interesse superior da pessoa interessada (artigo 11).

Por fim, há que destacar o *direito à intimidade genética*, que se constitui como um especial desdobramento do direito à intimidade ou à privacidade, previsto na Constituição Federal de 1988 (artigo 5º, inciso X) e também em nível infraconstitucional (Código Civil, artigo 21). A possibilidade de conhecimento da bagagem genética de uma pessoa, por meio dos chamados testes genéticos, vem suscitando muitas discussões acerca do que será eticamente aceitável fazer ou não com essas informações genéticas. Será lícito que empresas de seguro de vida e de saúde, ou empregadores, tenham acesso a essas informações no momento da contratação? O próprio Estado pode ser um possível

DIREITO, ÉTICA E BIOSSEGURANÇA 187

interessado em obter informações genéticas seja de pessoas determinadas seja de grupos específicos. Até que ponto a autoridade estatal poderá se impor à intimidade do indivíduo?

Ressalvados os casos já apontados de utilização da prova genética para fins de investigação criminal, parece que o acesso à constituição genética de uma pessoa só poderá ser admitido mediante seu prévio e expresso consentimento, que também deverá ser livre e esclarecido. Além disso, deve-se reconhecer o "direito a não saber" como motivo legítimo para que alguém se recuse a fazer um teste genético ou, em sendo este feito, se recuse a conhecer seu teor (Dias, 2001, p.477). Ora, as informações genéticas podem revelar a predisposição para o desenvolvimento de doenças, o que se pode muito bem querer ignorar-se.

Limites também deverão ser colocados à realização de testes genéticos em embriões ou fetos (diagnóstico pré-natal), no justo sentido de se evitar que as informações genéticas sejam usadas com propósitos eugênicos. Inúmeras são as situações em que a simples possibilidade de se obter informação genética poderá colocar em risco a intimidade da pessoa, o que poderá gerar novas formas de discriminação social. Não obstante, deve-se também evitar que as preocupações em torno da necessária proteção da intimidade genética desemboquem no determinismo genético, o que conduz à idéia de que uma eficaz e legítima proteção da constituição genética do indivíduo só será possível na correlação e interação dos três direitos apontados (integridade, identidade e intimidade genéticas).

A Declaração Universal sobre o Genoma Humano e os Direitos Humanos também não olvidou o aspecto da intimidade genética humana, tendo previsto que "os dados genéticos associados a indivíduo identificável, armazenados ou processados para uso em pesquisa ou para qualquer outro uso, devem ter sua confidencialidade assegurada" (artigo 7°) e que "deve ser respeitado o direito de cada indivíduo de decidir se será ou não informado sobre os resultados da análise genética e das conseqüências dela decorrentes" (artigo 5°, "c"). De igual modo, a Declaração Internacional sobre os Dados Genéticos Humanos reconhece o direito a decidir sobre ser ou não informado dos resultados da investigação genética (artigo 10), e vai mais longe, ao recomendar que os dados genéticos de uma pessoa não sejam dados ao conhecimento nem postos à disposição de terceiros, em particular empregadores, companhias de seguro, estabelecimentos de ensino e familiares da pessoa em questão, salvo por importante razão de interesse público ou quando se haja obtido o consentimento prévio, livre, informado e expresso da pessoa (artigo 14, "b").

Por fim, a Declaração Ibero-Latino-Americana sobre Ética e Genética também reconhece o direito à intimidade genética, defendendo que a informação genética individual é privativa da pessoa e não pode ser revelada a terceiros sem seu expresso consentimento (artigo 4º, "f"); que as provas genéticas não podem ser utilizadas para imposição de políticas populacionais, demográficas ou sanitárias nem para a satisfação de requerimentos de terceiros (artigo 4º, "d"); que a manipulação, o armazenamento e a difusão da informação genética individual deve ser feita de forma que garanta o respeito à privacidade e intimidade de cada pessoa (artigo 5º, "a"); e que a atuação do geneticista como conselheiro ou assessor do paciente e de seus familiares compreende sua obrigação de guardar a confidencialidade da informação genética obtida (artigo 5º, "b").

3
A OBRIGAÇÃO DO ESTADO EM FACE DO DIREITO AO GENOMA HUMANO

O Estado Democrático de Direito instituído pela Constituição Federal de 1988

A obrigação do Estado brasileiro na proteção do genoma humano deve ser analisada a partir da configuração que lhe foi dada pela Constituição Federal de 1988. Essa, no artigo 1º, *caput*, constituiu o Estado brasileiro em *Estado Democrático de Direito*, e pode-se afirmar que a essência desse Estado encontra-se sintetizada nos Títulos I e II da Constituição Federal, os quais tratam, respectivamente, "Dos princípios fundamentais" e "Dos direitos e garantias fundamentais". Deveras, os direitos fundamentais e os princípios fundamentais constituem, juntos, uma espécie de base ou diretriz que perpassa e fundamenta toda a ordem constitucional, bem como constitui parâmetro para a elaboração, interpretação e aplicação das normas infraconstitucionais.

Direitos fundamentais, conforme orientação já consagrada na teoria dos direitos humanos, é espécie do gênero direitos humanos. Esses dizem respeito a todos os direitos inerentes à condição de ser humano; direitos para cuja titularidade e fruição basta ser "humano". Já os direitos fundamentais são os direitos humanos encartados nas Constituições dos Estados, vale dizer, são os direitos humanos positivados em nível constitucional. Diz-se "fundamentais" porque expressam as opções políticas fundamentais de um povo. De fato, a positivação de certos direitos humanos na Carta Constitucional pressupõe uma opção; opção essa que é tomada pelo povo e que carrega inolvidável carga política, porque diz respeito à própria forma de Estado que se estará constituindo, vez que, uma vez positivados tais direitos, o Estado deverá respeitá-los e promovê-los. É nesse sentido – de opção política fundamental – que se fala também nos "princípios fundamentais", nesses incluídos os "objetivos fundamentais" e os "fundamentos" da República Federativa do Brasil (Silva, 2002, p.93).

Assim, no artigo 1°, a Constituição Federal traz os fundamentos da República Federativa do Brasil, a saber: a soberania, a cidadania, a dignidade da pessoa humana, os valores sociais do trabalho e da livre iniciativa e o pluralismo político; e no artigo 3° elenca os objetivos fundamentais do Estado brasileiro, quais sejam: construir uma sociedade livre, justa e solidária; garantir o desenvolvimento nacional; erradicar a pobreza e a marginalização e reduzir as desigualdades sociais e regionais; promover o bem de todos, sem preconceitos de origem, raça, sexo, cor, idade e quaisquer outras formas de discriminação.

Os direitos fundamentais encontram-se listados, de forma não exaustiva, no Título II da Constituição Federal, o qual trata dos direitos e deveres individuais e coletivos, dos direitos sociais, dos direitos de nacionalidade e dos direitos políticos. No entanto, por força do parágrafo 2° do artigo 5° da Constituição Federal, tem-se que diversos outros direitos fundamentais encontram-se previstos ao longo do texto constitucional, decorrentes do regime e dos princípios adotados pela Lei Maior.

Como se percebe, os princípios fundamentais vêm impregnados de forte conteúdo axiológico, constituindo, ao lado dos direitos fundamentais, o núcleo ético do Estado Democrático de Direito. Esse conteúdo axiológico, presente tanto nos princípios quanto nos direitos fundamentais, não afasta seu caráter normativo e vinculante, eis que ambos têm aplicabilidade imediata, impondo o dever de obediência a seus ditames tanto por parte da sociedade quanto, e especialmente, por parte do Estado. Aliás, se não resta dúvida quanto à normatividade

DIREITO, ÉTICA E BIOSSEGURANÇA 191

que caracteriza os direitos fundamentais, é bom frisar que os princípios exibem o mesmo caráter normativo, não se constituindo, como já se quis fazer pensar, em meras linhas programáticas para a ação do Estado. Os princípios são normas; as normas compreendem as regras e os princípios (Bonavides, 1999, p.249).

Pelo prisma do regime político adotado, há que destacar ainda que o Estado brasileiro fundado pela Constituição Federal de 1988 apresenta como característica fundamental a *participação política*. Essa é, efetivamente, o traço que distingue o Estado Democrático de Direito do Estado Liberal de Direito e do Estado Social de Direito, que também consagram a democracia como regime político. De fato, enquanto os dois últimos se fundam na democracia representativa, o Estado Democrático de Direito assenta-se na *democracia participativa* ou *semidireta*, a qual conjuga o sistema representativo puro com mecanismos da democracia direta, tais como o plebiscito, o referendo e a iniciativa popular de leis.

Assim é que a CF/88 proclama que "todo poder emana do povo, que o exerce por meio de *representantes eleitos* ou *diretamente*" (artigo 1°, parágrafo único, grifo nosso) e, no artigo 14, estabelece que "a soberania popular será exercida pelo sufrágio universal e pelo voto direto e secreto, com valor igual para todos e, nos termos da lei, mediante: I. plebiscito; II. referendo; III. iniciativa popular". Esse artigo, é sabido, não esgota todas as formas de participação política, já que várias outras estão previstas ao longo do texto constitucional, como, por exemplo, a ação popular (artigo 5°, LXXIII), o direito de petição (artigo 5°, XX-XIV, "a"), a participação no controle externo da Administração Pública (artigo 74, parágrafo 2°), a participação do usuário de serviço público na Administração Pública (artigo 37, parágrafo 3°), a participação dos trabalhadores e empregadores nos colegiados dos órgãos públicos onde seus interesses estejam em discussão e deliberação (artigo 10), a participação da comunidade na gestão da seguridade social e nas ações e serviços públicos de saúde (artigo 194, VII e artigo 198, III), o direito de fiscalização popular das contas públicas dos Municípios (artigo 31, parágrafo 3°), além da participação apoiada na liberdade de reunião, de associação e na liberdade partidária (artigo 5°, XVI e XVII, e artigo 17), que se efetiva por meio da mobilização popular em corpos intermediários, tais como os movimentos sociais, as associações civis, as organizações não-governamentais (ONG) etc., os quais, mediante suas atuações práticas, acabam influindo na vida política e na ação dos poderes públicos.

Em síntese, pode-se afirmar que o Estado Democrático de Direito, tal como instituído pela Constituição Federal de 1988, se configura como um Estado promotor dos direitos humanos. A previsão de inúmeros direitos fundamentais no texto constitucional qualifica o Estado brasileiro, mais do que simples garantidor de direitos humanos, como aquele que deve promover a efetivação de tais direitos perante a cidadania, a qual, amparada no princípio da participação política, tem agora o direito de exigir do Estado o cumprimento de seu papel na implementação dos direitos humanos. Realmente, a institucionalização de direitos humanos na Carta Constitucional tem o efeito de, por um lado, criar para os cidadãos o direito a sua efetivação e, por outro, cria para o Estado a correlata obrigação de atuar em sua concretização.

Matriz constitucional da obrigação do Estado na proteção do genoma humano

A obrigação do Estado brasileiro na proteção do genoma humano encontra sua fonte na Constituição Federal de 1988. Em verdade, essa obrigação é a contrapartida do direito ao genoma humano que, conforme será demonstrado, tem índole constitucional, qualificando-se como autêntico direito humano fundamental.

Nesse intuito de identificar a matriz constitucional da obrigação do Estado ante o direito ao genoma humano, impõe-se começar por uma análise do artigo 225 da Constituição Federal, especialmente a norma inserta no inciso II de seu §1º. Nesse dispositivo, após prever o direito ao meio ambiente ecologicamente equilibrado, a Lei Maior impõe ao Poder Público, como forma de assegurar a efetividade desse direito, dentre outras incumbências, "preservar a diversidade e a integridade do patrimônio genético do País e fiscalizar as entidades

DIREITO, ÉTICA E BIOSSEGURANÇA 193

dedicadas à pesquisa e manipulação de material genético". A busca do sentido exato desse dispositivo constitucional impõe-se como esforço hermenêutico necessário para uma correta interpretação da Constituição Federal diante dos avanços verificados no campo da biotecnologia e da engenharia genética a partir do final do século XX e da sempre necessária atualização e ampliação do papel do Estado na efetivação dos direitos humanos fundamentais, vale dizer, na proteção da pessoa humana e de sua dignidade.

Com esse propósito, convém, de início, situar o dispositivo mencionado no quadro da Constituição Federal de 1988, percebendo-se, então, que o artigo 225 faz parte do "Capítulo VI – Do meio ambiente" do "Título VIII – Da ordem social", e realçando-se, desde já, que um especial princípio fundamenta, confere unidade e orientação às normas que integram esse Título da Lei Maior: "a ordem social tem como base o primado do trabalho, e como objetivo o bem-estar e a justiça sociais" (artigo 193). A proteção do patrimônio genético do país apresenta-se, pois, como questão de natureza social e ligada ao meio ambiente. Esse último aspecto deve ser especialmente considerado na interpretação – e, sobretudo, na evolução interpretativa – do inciso II do parágrafo 1º do artigo 225. Isso porque, analisando-se o dispositivo mencionado no contexto do artigo que integra, percebe-se que a proteção do patrimônio genético foi inicialmente pensada pelo legislador constituinte primário como questão de direito ambiental, relacionada à proteção da fauna e da flora do país. É curioso perceber que em todo o artigo 225, em seu *caput* e nos diversos parágrafos, o intuito do constituinte foi o de proteger os bens ambientais do país, claro que como via transversa para a proteção do próprio ser humano. Daí que não se mencione, nesse artigo, nenhuma proteção direta do ser humano; protege-se o meio ambiente (recursos minerais, flora, fauna, águas) como forma de se garantir ao ser humano uma sadia qualidade de vida. Esse foi, pois, o sentido inicial com que o legislador constituinte previu a proteção da integridade e diversidade (biodiversidade) genética em nosso país, omitindo uma referência expressa ao patrimônio genético humano e, falando, genericamente, em "patrimônio genético do país".

194 JULIANA ARAÚJO LEMOS DA SILVA MACHADO

A omissão tem razão de ser, pois quando da elaboração da Constituição Federal, nos idos da segunda metade da década de 1980, embora já fosse considerável o desenvolvimento da engenharia genética em nível mundial e, mesmo, com reflexos no Brasil, os influxos da manipulação genética humana só se fizeram presentes e notáveis entre nós a partir da segunda metade da década de 1990. Daí que a preocupação do legislador constituinte não se tivesse orientado, naquele momento, para a proteção do patrimônio genético humano, cuja vulnerabilidade ainda não se fazia sentir. Foi também com esse espírito, voltado preponderantemente para a proteção do meio ambiente, que o legislador infraconstitucional regulamentou, pela primeira vez, o inciso II do parágrafo 1º do artigo 225, por meio da Lei Federal n.8.974, de 5 de maio de 1995,[1] haja vista que, de seus 18 artigos, dedicou apenas um à questão da manipulação genética humana, prendendo-se, especialmente, no tratamento dos organismos geneticamente modificados (OGM). E esse foi também o sentido que orientou, até o momento, a doutrina e a jurisprudência nacionais na interpretação do mencionado dispositivo constitucional.

Com as amplas possibilidades de intervenção no genoma humano abertas pela biotecnologia, e diante dos riscos que as novas técnicas trouxeram à integridade e diversidade do patrimônio genético humano, tornou-se, no entanto, necessária uma proteção condizente desse patrimônio e, em conseqüência, uma nova e adequada interpretação do inciso II do parágrafo 1º do artigo 225, cuja redação, utilizando-se de termos genéricos, admite uma nova hermenêutica, capaz de realizar a atualização do texto constitucional e, com isso, preservar sua utilidade e eficácia na proteção do ser humano.

Deveras, o dispositivo constitucional em questão fala em "patrimônio genético do país" e em "manipulação de material genético", não excluindo da abrangência da norma o patrimônio genético humano nem a manipulação de material genético humano. Se a Constituição Federal não exclui esses bens da abrangência da norma, isso

---

1   Esta lei foi revogada pela Lei Federal n.11.105, de 24 de março de 2005 (nova Lei de Biossegurança).

DIREITO, ÉTICA E BIOSSEGURANÇA 195

quer dizer que ela, em sendo corretamente interpretada, os admite em seu conteúdo.

A interpretação da Constituição Federal deve ser feita levando-se em conta os princípios que informam e conferem unidade ao sistema constitucional, sobressaindo-se, aí, o princípio fundamental da dignidade da pessoa humana (artigo 1°, inciso III). Esse princípio-eixo deve estar sempre presente no momento em que se busca o sentido de uma norma constitucional, eis que todas as normas constitucionais devem ser interpretadas de modo a garantir a efetividade desse princípio, no intuito maior de proteger o ser humano em sua dignidade. Sendo assim, e diante dos riscos de danos que hoje se colocam para o patrimônio genético humano, a proteção do ser humano e de sua dignidade requer uma atualização do sentido da norma inserta no inciso II do parágrafo 1° do artigo 225. Somente com a inclusão do patrimônio genético humano na abrangência da norma é que será possível, diante do atual estágio da tecnociência, proteger-se adequadamente o ser humano e preservar sua dignidade.

Trata-se de adaptar a norma constitucional à nova realidade social, num processo que a doutrina convencionou chamar de *mutação constitucional*. A mutação constitucional consiste em um processo não formal de mudança da Constituição, o qual transforma o sentido, o significado e o alcance de suas normas, sem lhe alterar o enunciado formal, isto é, sem mudar a letra do texto (Silva, 2000, p.283). Esse recurso possibilita a atualização do texto constitucional ante a nova realidade social sem necessidade de se recorrer ao processo de emenda constitucional, que deve ser reservado para casos excepcionais, em que apenas a alteração formal do texto seja capaz de operar a adaptação constitucional necessária.

Conclui-se, assim, que a norma inserta no inciso II do parágrafo 1° do artigo 225 da Constituição Federal abrange a proteção do patrimônio genético humano, constituindo, a um só tempo, a matriz constitucional do direito ao genoma humano e da correlata obrigação do Estado brasileiro em sua proteção e efetivação. Isso significa dizer que o direito ao genoma humano tem a natureza de direito humano fundamental, já que positivado em nível constitucional, cabendo

196 JULIANA ARAÚJO LEMOS DA SILVA MACHADO

recordar, aqui, que os direitos humanos fundamentais, por força do parágrafo 2º do artigo 5º da Constituição Federal, não se restringem àqueles elencados em seu Título II, podendo ser encontrados em quaisquer normas do texto constitucional, como decorrência do regime e dos princípios adotados pela Constituição.

Logo, é incumbência do Estado, ante o direito ao genoma humano, preservar a diversidade e a integridade do patrimônio genético humano e fiscalizar as entidades dedicadas à pesquisa e manipulação de material genético humano (artigo 225, parágrafo 1º, inciso II).

O artigo 225 da Constituição Federal ainda traz outra norma de grande importância na fixação da mencionada obrigação estatal, ao dispor que incumbe ao Poder Público "controlar a produção, a comercialização e o emprego de técnicas, métodos e substâncias que comportem risco para a vida, a qualidade de vida e o meio ambiente" (artigo 225, parágrafo 1º, inciso V). Esse dispositivo constitucional, dada sua localização dentro do Capítulo que trata do meio ambiente, também foi originalmente concebido para a proteção do "meio ambiente ecologicamente equilibrado", impondo o controle das atividades que, prejudicando o meio ambiente, trouxessem risco para a vida ou a qualidade de vida do ser humano. Novamente, a intenção inicial era proteger o meio ambiente como via transversa para a proteção do ser humano. E, pelo mesmo raciocínio já esboçado antes, entende-se que o dispositivo comporta uma interpretação condizente com os novos tempos, em que várias técnicas e métodos trazem riscos diretos para o ser humano. Pode-se, assim, extrair desse dispositivo a obrigação do Estado no controle das técnicas de manipulação genética humana, já que estas comportam inúmeros riscos para a vida humana, o que, aliás, foi objeto de análise anterior.

De qualquer forma, não parece mesmo equivocado incluir o ser humano e seu genoma no âmbito de proteção do Capítulo VI do Título VIII da Constituição Federal, que trata do meio ambiente, se se considera o ser humano como parte integrante da biosfera, da comunidade de vida planetária. E é bom que seja assim, que se firme essa compreensão do lugar do homem no meio ambiente, como parte integrante dele, pois

DIREITO, ÉTICA E BIOSSEGURANÇA 197

aí se encontra a chave para uma *ética planetária*,[2] fundada num humanismo verdadeiro, no qual o homem, sem ocupar o centro de gravitação do sistema (sistema-mundo, incluindo o jurídico), é então, e só então, verdadeiramente protegido e amparado, na medida em que se protegem as condições que lhe possibilitam a vida, hoje e no futuro. Nesse sentido parece ser o entendimento de Diaféria (apud Alarcón, 2004, p.228), quando afirma:

> Dentro dessa perspectiva, a possibilidade de se proteger o patrimônio genético humano, através do artigo 225, torna-se viável, se considerarmos que a positivação da proteção do meio ambiente tem representado uma ruptura à antiga concepção antropocêntrica do Direito – quando o homem representava o centro exclusivo do sistema jurídico – possibilitando interpretar que o legislador constituinte, assumindo uma postura inovadora perante a evolução do Direito, partiu do pressuposto de que o Homem e os demais seres vivos estão no mesmo pé de igualdade, em face da necessidade de se garantir a preservação do gênero humano, estabelecendo o seu reconhecimento como parte integrante da Natureza e que, portanto, poderia estar sendo protegido num mesmo dispositivo.

Não fosse por essa via, ainda assim caberia imputar ao Estado a obrigação de proteger o ser humano diante dos riscos trazidos pelas técnicas de manipulação genética humana, o que poderia ser feito pelo ângulo dos direitos à vida e à saúde como direitos fundamentais inscritos na Lei Maior (artigo 5º, *caput*; artigo 6º; artigo 196). De qualquer forma, os direitos à vida e à saúde reforçam ainda mais a obrigatoriedade da atuação estatal na proteção da pessoa humana diante das técnicas da engenharia genética. Se, por um lado, esses direitos impõem ao Estado a obrigação de fiscalizar e controlar as atividades que envolvam manipulação de material genético humano; por outro lado, eles também impelem o Estado a garantir a todos o acesso igualitário aos novos procedimentos desenvolvidos no âmbito da biotecnologia, sobretudo quando se trata da possível cura de doenças, como é o caso da geneterapia.

---

2 A idéia de uma ética planetária foi desenvolvida no terceiro capítulo da Parte I deste livro.

É, pois, sob esses vários aspectos que se pode fundamentar a obrigação do Estado brasileiro diante do direito ao genoma humano. Tendo esse direito matriz constitucional, é também da própria Constituição que decorre a correlata obrigação do Estado em sua proteção e implementação.

Proteção do genoma humano e liberdade científica: limites e possibilidades da atuação estatal

Sendo certo que o Estado deve atuar na fiscalização e controle das atividades que envolvem a manipulação de material genético humano, resta saber em que medida essa intervenção estatal será legítima, isto é, até que ponto ela não entrará em confronto com a liberdade de investigação científica. Trata-se de buscar o ponto de equilíbrio entre a necessária atuação do Estado na proteção do genoma humano e o também necessário resguardo da liberdade de expressão científica. A questão, como se verá, torna-se ainda mais delicada quando se verifica que o Estado tem ainda a obrigação constitucional de fomentar o desenvolvimento científico e tecnológico do país.

De início, convém destacar que a liberdade de expressão da atividade científica vem assegurada na Constituição Federal como direito fundamental, ao dispor, no artigo 5º, inciso IX, que "é livre a expressão da atividade intelectual, artística, científica e de comunicação, independentemente de censura ou licença".

No Capítulo IV ("Da ciência e tecnologia") do Título VIII ("Da ordem social"), a Constituição Federal estabelece, no artigo 218, que "o Estado promoverá e incentivará o desenvolvimento científico, a pesquisa e a capacitação tecnológicas", dispondo, ainda, que "a pesquisa científica básica receberá tratamento prioritário do Estado, tendo em vista o bem público e o progresso das ciências" (parágrafo 1º) e que "a pesquisa tecnológica voltar-se-á preponderantemente para a solução dos problemas brasileiros e para o desenvolvimento do sistema produtivo nacional e regional" (parágrafo 2º).

DIREITO, ÉTICA E BIOSSEGURANÇA **199**

Percebe-se que a Constituição Federal faz uma distinção entre ciência e tecnologia, entre pesquisa científica e pesquisa tecnológica.

A distinção tem sua razão de ser, já que tradicionalmente a ciência é entendida como a atividade de conhecimento (uma forma específica de conhecimento humano) que tem por objetivo a compreensão e explicação da realidade, ao passo que a tecnologia é entendida como a aplicação dos resultados da ciência, ou melhor, o conhecimento que é produzido com vistas à aplicação prática das teorias científicas. A rigor, a distinção tradicional é feita entre ciência e técnica, e essa estaria ligada à idéia de habilidade, mas de uma habilidade guiada por certas regras. Daí que, no entendimento tradicional, acaba por se estabelecer uma oposição entre ciência e técnica, que seria justamente a oposição entre conhecimento e habilidade, entre saber e fazer, entre o "porquê" e o "como" (Morais, 1978, p.50).

Ocorre que, nos dias atuais, cada vez mais essa distinção vem perdendo sentido, já que ciência e técnica se apresentam fundidas, interligadas, de modo que seria mais adequado entender a técnica como um momento da ciência, seu momento aplicado. A linha que separa a chamada ciência pura da ciência aplicada é hoje muito tênue. Em verdade, a chamada ciência pura praticamente já não tem lugar na produção científica atual, uma vez que a atividade científica quase sempre envolve a aplicação de conhecimentos (experimentação). Daí a referência à "tecnociência" e ao "saber/fazer" dos cientistas, designações que realmente exprimem com maior propriedade a realidade atual do conhecimento científico. De qualquer forma, feitas as devidas ressalvas, é possível entender a ciência (ou a "pesquisa científica básica") como o conhecimento voltado para a compreensão da realidade, para a descoberta das leis que a regem e para a elaboração de teorias científicas que a explicam; a técnica como o "fazer" propriamente dito; e a tecnologia (ou "pesquisa tecnológica") como o conhecimento que busca aplicações práticas para as teorias científicas; ainda que ciência, técnica e tecnologia caminhem hoje lado a lado, senão mesmo fundidas.

Retornando ao texto constitucional, o importante é perceber que o legislador constituinte efetivamente distinguiu a pesquisa científica básica (que seria a ciência em sentido estrito) e a pesquisa tecnológica (voltada para a aplicação prática do conhecimento científico), inclusive imprimindo-lhes objetivos diversos.

A distinção mencionada ganha relevo quando se trata de pensar no controle que o Estado deve exercer sobre a atividade científica e tecnológica. Poder-se-ia entender que a atividade científica básica, tal como entendida pelo constituinte, porque envolveria apenas a compreensão e explicação da realidade ("saber"), sem aplicação de conhecimentos ("fazer"), não comportaria riscos para a vida e a saúde humanas nem implicações éticas, de modo que, nesse campo, deveria vigorar a plena liberdade de investigação científica, sem qualquer ingerência do Estado. De outro modo, a atividade tecnológica, porque voltada para a aplicação de conhecimentos, poderia, essa sim, oferecer riscos para a vida e a saúde humanas bem como exibir contornos éticos, devendo ser controlada pelo Estado, a quem caberia impor limites a seu desenvolvimento, no intuito de proteger o ser humano e sua dignidade.

Como ponderado antes, no entanto, uma vez que ciência e tecnologia hoje caminham juntas, fundidas até mesmo, constituindo-se em momentos (teórico e aplicado) do conhecimento científico, parece que a atuação controladora do Estado deve se fazer presente quer se trate de "pesquisa científica" quer se trate de "pesquisa tecnológica", sempre que uma e outra possam entrar em conflito com a preservação da vida, da saúde e da dignidade da pessoa humana.

É nesse aspecto, aliás, que se deve buscar o ponto de equilíbrio entre o direito fundamental de liberdade científica e a obrigação do Estado na proteção do genoma humano: a pesquisa e a manipulação do material genético humano serão livres e desimpedidas até o ponto em que não ponham em risco a integridade e a diversidade do patrimônio genético humano e não vulnerem a dignidade da pessoa humana.

Assim, a liberdade de investigação científica e de aplicação dos resultados da ciência deverá sofrer tão-só e estritamente as limitações que se revelarem necessárias para proteger o ser humano em sua vida, saúde e dignidade, o que, aliás, revela o aspecto ético implicado na atividade científica. Fora disso, não se legitima qualquer intervenção do Estado no sentido do controle e limitação da liberdade de expressão científica, sob pena de se incorrer em obscurantismo. Por isso, uma vez mais, é

DIREITO, ÉTICA E BIOSSEGURANÇA 201

preciso reafirmar que razões de ordem puramente religiosa não poderão jamais servir de fundamento para se limitar a atividade científica.

Cabe destacar que a liberdade da atividade científica, tal qual qualquer atividade que venha a ser desenvolvida em nosso país, se sujeita à normatividade dos fundamentos e dos objetivos fundamentais da República Federativa do Brasil, dentre os quais merecem destaque o princípio da "dignidade da pessoa humana" (artigo 1º, inciso III), os princípios teleológicos de "construir uma sociedade livre, justa e solidária" e de "promover o bem de todos, sem preconceitos de origem, raça, sexo, cor, idade e quaisquer outras formas de discriminação" (artigo 3º, inciso I e IV), complementados pelos princípios especiais que orientam a ordem social no sentido de promover o "bem-estar e a justiça sociais" (artigo 193), e a ciência e tecnologia no sentido da promoção do "bem público" e da "solução dos problemas brasileiros" (artigo 218, parágrafos 1º e 2º).

Especialmente o *princípio da dignidade da pessoa humana* deve ser considerado quando da imposição dos limites necessários ao desenvolvimento da atividade científica, como limitação natural a esse direito fundamental, eis que decorrente da própria Constituição, a evidenciar que nenhum direito é absoluto, pois há que se sujeitar às limitações que a própria ordem constitucional lhe impõe.

Não se admite, pois, em nome do progresso científico e/ou tecnológico que o homem seja violado em sua dignidade; vale dizer, que seja instrumentalizado para servir aos interesses da ciência, quando é a ciência que deve servir aos interesses do homem. Isso significa dizer também que, em respeito ao princípio da dignidade da pessoa humana – que sobre ser princípio jurídico exibe inolvidável conteúdo ético –, a ciência não pode estar sujeita ou atrelada a interesses puramente econômicos, devendo ter como finalidade o atendimento dos interesses humanos autênticos, isto é, daqueles que conduzem à afirmação do *status dignitatis* do ser humano. Isso implica subverter a lógica econômica que, tendo chegado à seara científica, afastou, em grande medida, a ciência dos valores humanos autênticos, na mesma medida em que a aproximou do interesse de lucro. A dignidade intrínseca de todo ser humano exige que a ciência esteja a serviço do homem, atuando como instrumento para a diminuição do sofrimento humano, a promoção da inclusão social (que abrange a inclusão econômica, jurídica, ecológica, erótica, cultural etc.) e a preservação do meio ambiente, do qual o homem é parte integrante.

Por fim, sobretudo quando se consideram os riscos de dano para a vida e a saúde humanas e, no que interessa especialmente a este trabalho, os riscos para a integridade e diversidade do patrimônio genético humano, há que considerar, como princípios balizadores da atividade científica e tecnológica, os *princípios da precaução e da prevenção*, já estudados anteriormente, no quarto capítulo da Parte I. Esses princípios, cuja aplicação já se encontra consolidada no âmbito do direito ambiental, devem ser estendidos também ao âmbito do direito relacionado diretamente à vida humana, especialmente no campo da manipulação de material genético humano.

Entende-se que esses dois princípios serão de grande valia na atuação do Estado no controle dos riscos que a manipulação genética humana comporta. Assim, recordando o que foi exposto no primeiro capítulo da Parte II quanto aos riscos para a biossegurança das técnicas ali estudadas, e *considerando o atual estágio em que se encontra a ciência*, entende-se que:

a) no caso da clonagem reprodutiva humana, tratando-se de técnica ainda não totalmente dominada nem mesmo para aplicação em animais, sendo certa, portanto, a ocorrência de danos para a vida e a saúde de um possível clone humano, e não se dispondo, no momento, de meios para evitar a ocorrência de tais danos, dever-se-á aplicar o princípio da prevenção, decidindo-se pela não realização de qualquer tentativa de clonagem de seres humanos;

b) no caso da clonagem terapêutica humana, apesar de se tratar de técnica ainda em fase de desenvolvimento, é sabido que o procedimento em si não comporta riscos para a vida ou a saúde humanas, ao contrário, traz esperança de cura para inúmeras doenças por meio da terapia celular com células-tronco, por isso seria bom que as pesquisas avançassem nesse setor, até mesmo com o incentivo do Estado. Ante a ausência de riscos, os princípios mencionados terão aqui aplicação restrita, mas frise-se que somente quanto à clonagem terapêutica em si, isto é, como procedimento para a obtenção de células-tronco

DIREITO, ÉTICA E BIOSSEGURANÇA 203

embrionárias, já que a terapia celular com a utilização de tais células é questão distinta e que foge à temática deste trabalho;

c) quanto às técnicas de alteração do material genético humano, se se tratar de intervenção em célula germinativa ou em célula-tronco embrionária, independentemente da finalidade do procedimento, os riscos para a vida e a saúde humanas, bem como para o patrimônio genético da humanidade, ainda são incertos, não se tendo um conhecimento científico adequado de todas as variáveis envolvidas neste tipo de procedimento. Por esse motivo, caberá aí a aplicação do princípio da precaução, decidindo-se pela não realização de qualquer espécie de manipulação genética em células germinativas ou embrionárias;

d) quanto à alteração de material genético de células somáticas, incluído o caso da geneterapia, foi visto, igualmente, que aí se está em um campo de incerteza científica quanto aos possíveis danos decorrentes desses procedimentos, motivo pelo qual se deverá aplicar o princípio da precaução, decidindo-se pela não realização da atividade até que a ciência acumule conhecimento científico suficiente sobre o assunto. Logo, não se há de impedir a continuidade de pesquisas nesse setor, as quais, aliás, vêm avançando, com o desenvolvimento, por exemplo, de vetores mais eficientes e seguros, caso em que a experimentação em seres humanos deverá ser adotada em última instância e observar todas as medidas necessárias para minimizar a ocorrência de danos.

Proteção do genoma humano: mecanismos de atuação estatal

Na proteção do genoma humano, tanto em sua perspectiva difusa quanto pelo prisma do direito individual à identidade, à integridade e à intimidade genéticas, o Estado deverá se valer de distintos mecanismos de atuação, dentre os quais se destacam: a normatização das técnicas de manipulação genética humana, a criação de órgãos competentes para o controle da biossegurança e o estabelecimento de uma política nacional de biossegurança.

Nesse ponto é que sobressai a importância do direito, mais precisamente do direito positivo, como instrumento veiculador das decisões do Estado no que tange à proteção do patrimônio genético humano, incluindo-se aí as diversas espécies normativas, desde a lei até os regulamentos, portarias, resoluções etc. Assim, por meio do direito positivo, caberá ao Estado permitir ou proibir a utilização de técnicas de manipulação genética humana, bem como impor obrigações com vistas ao resguardo da biossegurança e, em sendo o caso, regulamentar a realização de atividades nesse campo. Será também por meio do direito positivo que o Estado deverá criar os órgãos competentes para o controle da biossegurança e estabelecer as bases para a formulação e implementação de uma política nacional de biossegurança.

Com relação à proibição ou permissão das técnicas que envolvem a manipulação de material genético humano, a decisão há que passar pelo crivo constitucional, isto é, há que se verificar a compatibilidade de tais técnicas com a Constituição Federal, analisando-se se sua aplicação não viola os preceitos constitucionais, especialmente os princípios e os direitos fundamentais ali consagrados. Assim, *considerando-se o atual estágio em que se encontra a ciência*, e diante dos riscos hoje envolvidos na aplicação daquelas técnicas, entende-se que:

a) qualquer tentativa de clonagem reprodutiva humana é inconstitucional, por violação do direito à saúde, eis que o possível clone estará fadado a uma vida de doenças e degenerações, o que redunda, ademais, em uma violação da própria dignidade humana.

Uma vez, no entanto, superados os obstáculos de ordem técnica, e sendo possível a geração de clones saudáveis, com total segurança científica, ainda assim restariam problemas éticos pendentes de solução com relação à clonagem humana, pois, como visto anteriormente, ela colocaria em questão a igualdade essencial de todos os seres humanos bem como o direito à identidade genética de cada indivíduo. Por isso, caso algum dia a clonagem reprodutiva se torne um procedimento viável e seguro, entende-se que caberá à sociedade decidir se a dignidade da pessoa humana se encontrará violada com relação ao clone. Isso porque a dignidade da pessoa humana é valor de inolvidável carga ética, e a ética, como visto, não é estática, mas mutável. Outro problema a ser considerado é que, se vier a ser aplicada em grande escala, a clonagem poderá comprometer a diversidade do patrimônio genético

DIREITO, ÉTICA E BIOSSEGURANÇA 205

humano, o que a colocaria em confronto com o artigo 225, parágrafo 1º, inciso II, da Constituição Federal;

b) a clonagem terapêutica humana é constitucional, não violando nenhum dos preceitos da Constituição Federal, estando voltada para a efetivação e ampliação do direito à saúde, diante das incontáveis possibilidades terapêuticas que poderão advir da utilização de células-tronco por meio dela obtidas.

No entanto, diante das controvérsias existentes acerca da violação ou não do direito à vida previsto na Constituição Federal em decorrência da destruição dos "embriões" para a retirada de células-tronco, entende-se que qualquer decisão com relação à proibição ou permissão da clonagem terapêutica deveria ser precedida de consulta popular. Essa seria a decisão mais conforme à Constituição Federal com respeito à admissibilidade da clonagem terapêutica humana;

c) a alteração genética com finalidade terapêutica (terapia gênica) é inconstitucional, por violação do direito à saúde, eis que as técnicas de geneterapia hoje disponíveis ainda não são seguras.

Os riscos hoje envolvidos em sua aplicação, porém, não podem servir de pretexto para se obstar o avanço da pesquisa científica e tecnológica nesse setor, já que a geneterapia visa justamente à ampliação e à efetivação do direito à saúde; nesse aspecto, o Estado deverá atuar no controle das atividades de pesquisa e experimentação, no cumprimento de sua obrigação constitucional de proteger a vida e a saúde humanas;

d) a alteração genética sem finalidade terapêutica é também inconstitucional em razão dos riscos que atualmente ainda comporta para a saúde humana.

Uma vez superados os obstáculos de ordem técnica, ainda assim a manipulação genética sem finalidade terapêutica poderá ser interpretada como ofensiva da dignidade da pessoa humana e, logo, como prática inconstitucional. No entanto, porque a dignidade da pessoa humana só pode ser compreendida, em sua extensão e significado, em consonância com os valores éticos socialmente estabelecidos, entende-se que a decisão, em última instância, caberá à sociedade, considerada a mutabilidade histórica da ética.

Talvez fosse oportuno, nesse momento, ressaltar uma vez mais que os princípios fundamentais estabelecidos na Constituição Federal, sobre serem princípios jurídicos, encerram inolvidável conteúdo ético. É aí que o estritamente jurídico se funde com o ético, de modo que as decisões jurídicas (como é o caso das decisões legislativas) estarão necessariamente permeáveis à influência de fatores extrajurídicos. Isso significa dizer que as decisões jurídicas não poderão ser tomadas "de dentro" do direito, mas somente na relação deste com a sociedade, onde surgem e se consolidam os valores éticos. Daí a importância da participação da sociedade civil na tomada de decisões como as acima apontadas. Assim, se a constitucionalidade ou não de uma determinada técnica depende do julgamento de sua conformidade com o princípio da dignidade da pessoa humana ou da definição do momento de início da vida humana, a decisão, nesses casos, necessariamente será tomada com base em fatores não estritamente jurídicos, mas também políticos, culturais e, sobretudo, éticos.

Desse modo, especial atenção deverá ser dada à normatização da manipulação genética humana, tanto em razão da complexidade das questões aí envolvidas, que conjugam aspectos jurídicos, éticos, políticos e culturais, quanto porque as decisões que vierem a ser tomadas nesse setor (permissão, proibição, restrição) terão reflexos, dentre outros, no desenvolvimento científico do país, nos serviços e recursos de saúde disponibilizados ao povo brasileiro, no acesso da sociedade brasileira às conquistas científicas e, também, na própria concepção de vida e de saúde, sobretudo na amplitude que se deve dar à proteção de uma e outra. Por isso, em questões como clonagem humana (reprodutiva e terapêutica), manipulação genética de células germinativas e de células-tronco embrionárias, manipulação genética sem finalidade terapêutica, parece ser mesmo imprescindível para a legitimidade das medidas legislativas a participação da sociedade civil no processo de tomada de decisões.

Impõe-se, nesse campo, a ampla informação da sociedade civil, de modo que ela possa decidir essas questões cruciais relacionadas à vida, à saúde e ao patrimônio genético humano, no exercício da participação política que caracteriza o Estado Democrático de Direito. Nem se diga, aí, que eventual decisão tomada pelos parlamentares no exercício da representação típica da democracia indireta já seria suficiente para

DIREITO, ÉTICA E BIOSSEGURANÇA **207**

resguardar os interesses da sociedade, porque o que o Estado Democrático de Direito exige é que decisões políticas cruciais, como estas em torno da manipulação genética humana, sejam decididas com a participação *direta* dos cidadãos.

É preciso, contudo, ter a consciência de que uma adequada proteção do genoma humano, como patrimônio da humanidade, não poderá jamais ser alcançada apenas com medidas de direito interno. Nesse campo, as normas internacionais serão fundamentais para resguardar devidamente os interesses humanos colocados em questão e, nesse sentido, as declarações internacionais de direitos são um bom começo, mas não a solução para a devida efetivação desses direitos humanos de quarta geração. A adoção de tratados e convenções internacionais será inevitável se se quiser, realmente, adotar uma política internacional de proteção do genoma humano, em coerência com o já consolidado sistema internacional de direitos humanos, pois somente os tratados e convenções internacionais têm o condão de criar obrigações para os países signatários, incluindo a possibilidade de aplicação de sanções em caso de descumprimento das obrigações assumidas.

Feitas essas observações, cuidar-se-á, em seguida, de analisar alguns dispositivos da nova Lei de Biossegurança (Lei Federal n.11.105, de 24 de março de 2005), que normatizou, em parte, a manipulação genética humana em nosso país, bem como criou os órgãos que deverão atuar no controle da biossegurança e previu o estabelecimento de uma política nacional de biossegurança. Finalmente, com base na Lei de Propriedade Industrial (Lei Federal n.9.279, de 14 de maio de 1996), será analisada a questão do patenteamento de material genético humano.

A nova Lei de Biossegurança

A Lei Federal n.11.105, de 24 de março de 2005, revogando a Lei Federal n.8.974, de 5 de janeiro de 1995, regulamentou os incisos II, IV e V do parágrafo 1º do artigo 225 da Constituição Federal, e trouxe algumas disposições acerca da manipulação genética humana, conforme segue.

No artigo 6º, a Lei proibiu a "engenharia genética em célula germinal humana, zigoto humano e embrião humano" (inciso III), bem como a "clonagem humana" (inciso IV), seja reprodutiva seja terapêutica. E nos artigos 25 e 26, a Lei definiu como crimes as condutas de "praticar engenharia genética em célula germinal humana, zigoto humano ou embrião humano" e de "realizar clonagem humana", impondo penas de reclusão de um a quatro anos, e multa, no primeiro caso, e de reclusão de dois a cinco anos, e multa, no segundo caso.

A proibição da manipulação genética de células germinativas humanas e de zigoto e embrião humanos revelou-se acertada em face do princípio da precaução, haja vista que os riscos que tais procedimentos podem trazer para a espécie humana como um todo ainda são imprevisíveis, como aliás já ressaltado no primeiro capítulo da Parte II.

Em razão do silêncio da lei, entretanto, restaram permitidas as práticas de engenharia genética em célula somática, o que poderia, em princípio, abranger tanto a alteração de material genético com finalidade terapêutica (geneterapia) quanto a alteração sem finalidade terapêutica. Diz-se em princípio porque este último procedimento poderá ser interpretado como ofensivo da dignidade da pessoa humana e, logo, como prática inconstitucional, conforme visto no item precedente.

Em que pese a proibição da clonagem terapêutica humana, que poderia servir de fonte para a obtenção de células-tronco embrionárias, a nova Lei de Biossegurança, atendendo aos reclamos da comunidade científica, permitiu, para fins de pesquisa e terapia, a utilização de células-tronco embrionárias obtidas de embriões humanos produzidos por fertilização *in vitro* e não utilizados no respectivo procedimento, desde que atendidas as seguintes condições: tratar-se de embriões inviáveis ou embriões congelados há três anos ou mais, na data da publicação da Lei, ou que, já congelados na data de sua publicação, depois de completarem três anos, contados a partir da data de congelamento, sendo necessário, em qualquer caso, o consentimento dos genitores (artigo 5º).[3]

---

3 Tramitou no Supremo Tribunal Federal ação promovida pela Procuradoria-Geral da República visando à declaração de inconstitucionalidade desse artigo 5º da Lei de Biossegurança por alegada violação do direito à vida. No dia 29 de maio de 2008, por 6 votos a 5, o Supremo Tribunal julgou improcedente referida ação, tendo reconhecido a constitucionalidade do mencionado dispositivo legal.

DIREITO, ÉTICA E BIOSSEGURANÇA 209

Percebe-se, portanto, que ao permitir a destinação de embriões humanos para pesquisa e terapia, o Estado, por intermédio do Poder Legislativo, rejeitou a tese de que a vida humana inicia com a concepção ou, no mínimo, não adotou o entendimento de que a vida humana mereça proteção jurídica desde a concepção. Sendo assim, é de perguntar sobre qual o motivo de não ter o Estado permitido a clonagem terapêutica humana, eis que nessa a grande questão que se coloca é justamente a destruição de embriões, o que, segundo alguns, violaria o direito à vida.

Deveras, se o que se pretende com a clonagem terapêutica é justamente a obtenção de embriões para servirem de fonte de células-tronco para pesquisa e terapia, e uma vez que isso foi permitido com relação aos embriões originários dos processos de fertilização assistida, fica a questão sobre qual razão teria levado o Estado a permitir o último procedimento e a proibir o primeiro. A questão torna-se ainda mais intricada quando se recorda o dado diferencial de que na clonagem terapêutica os embriões são obtidos não por concepção (união dos gametas masculino e feminino), mas por mero procedimento de fusão nuclear de uma célula somática com um óvulo anucleado. Por que permitir a utilização de embriões originados por concepção, rompendo com o dogma católico de que a vida humana é sagrada desde aquele momento, e não permitir a utilização de células embrionárias que mais se assemelham a um tumor benigno do que a um embrião?

Se, na concepção que orientou a decisão consubstanciada no artigo 5º da Lei não se encontra presente o entendimento de que a vida mereça proteção desde a fase embrionária pré-implantatória (ou de que nessa fase já existiria vida humana), o motivo que parece ter fundamentado a decisão pela proibição da clonagem terapêutica talvez tenha sido o receio de que, em se permitindo essa, se estaria abrindo as portas para a clonagem reprodutiva humana.

Afigura-se, pois, desarrazoado e incoerente que o Estado tenha permitido, para fins de pesquisa e tratamento, a utilização de embriões produzidos por fertilização *in vitro*, e proibido a clonagem terapêutica humana, cuja única finalidade é a produção em laboratório de células-tronco embrionárias que jamais seriam implantadas em um útero. O

210 JULIANA ARAÚJO LEMOS DA SILVA MACHADO

receio de que experimentos de clonagem terapêutica possam avançar rumo à clonagem reprodutiva humana parece mesmo infundado, já que uma diferença crucial separa os dois procedimentos: a implantação das células-tronco embrionárias no útero materno; sem isto, a geração de um ser humano é impossível.

Ao proibir a realização da clonagem terapêutica humana, parece que o Estado se descuidou de sua obrigação constitucional de promover a saúde de todos e de incentivar o desenvolvimento científico e tecnológico, já que experimentos de clonagem terapêutica têm se revelado, no mundo todo, como área promissora para a cura de diversas doenças e também para um melhor conhecimento da própria vida humana, especialmente sobre o desenvolvimento embrionário.

Em outro aspecto, relativamente à criação de órgãos competentes para atuar no controle da biossegurança, a impressão que fica é a de que o legislador ordinário simplesmente se esqueceu da manipulação genética humana, eis que, regra geral, na descrição da competência dos órgãos criados, previu-se exaustivamente o controle das atividades relacionadas a organismos geneticamente modificados (OGM), sem nenhuma referência à manipulação de material genético humano. Mesmo assim, convém analisar os órgãos que foram criados pela Lei a fim de se inferir, da descrição de suas competências, alguma atribuição com relação ao controle da manipulação genética humana.

O Conselho Nacional de Biossegurança (CNBS) (artigos 8° e 9°), vinculado à Presidência da República, é o órgão de assessoramento superior do Presidente da República para a formulação e implementação da Política Nacional de Biossegurança, competindo-lhe, dentre outras atribuições, fixar princípios e diretrizes para a ação administrativa dos órgãos e entidades federais com competência sobre a matéria. Sua composição é intragovernamental, sendo membros dez ministros de Estado e um secretário especial.

A Comissão Técnica Nacional de Biossegurança (CTNBio) (artigos 10 a 15), integrante do Ministério da Ciência e Tecnologia, é instância colegiada multidisciplinar de caráter consultivo e deliberativo, para prestar apoio técnico e de assessoramento ao Governo Federal na formulação, atualização e implementação da Política Nacional

DIREITO, ÉTICA E BIOSSEGURANÇA 211

de Biossegurança de OGM e seus derivados, bem como no estabelecimento de normas técnicas de segurança e de pareceres técnicos referentes à autorização para atividades que envolvam pesquisa e uso comercial de OGM e seus derivados, com base na avaliação de seu risco zoofitossanitário, à saúde humana e ao meio ambiente. Como órgão de caráter técnico, a CTNBio é composta por 27 membros de reconhecida competência técnica, com grau acadêmico de doutor, dentre especialistas de diversas áreas (saúde humana, animal, vegetal, meio ambiente, consumidor, biotecnologia, agricultura familiar, saúde do trabalhador) e representantes de Ministérios de Estado e Secretarias de Estado. Suas competências, fixadas no artigo 14, estão todas voltadas para o controle de atividades envolvendo OGM.

A Comissão Interna de Biossegurança (CIBio) (artigos 17 e 18) é órgão que deverá ser criado por "toda instituição que utilizar técnicas e métodos de engenharia genética", o que abrange, então, as instituições que realizem engenharia genética humana. A Lei estabelece, ainda, que estas instituições deverão indicar um técnico principal responsável para cada projeto específico. No entanto, as competências fixadas para a CIBio são de difícil ou nenhuma aplicação às atividades de manipulação genética humana, estando voltadas, como nos demais órgãos, para o controle de OGM. Apenas uma atribuição, por sua generalidade, seria aplicável à manipulação genética humana, a saber: estabelecer programas preventivos e de inspeção para garantir o funcionamento das instalações sob sua responsabilidade, dentro dos padrões e normas de biossegurança, a serem definidos pela CTNBio (artigo 18, inciso II).

Por fim, com relação ao estabelecimento de uma política nacional de biossegurança, tarefa de competência da Presidência da República, com assessoramento do Conselho Nacional de Biossegurança (artigo 8º, *caput*) e apoio técnico da Comissão Técnica Nacional de Biossegurança (artigo 10, *caput*), é de se observar que a manipulação genética humana novamente figurou como questão de somenos importância, haja vista que a política nacional de biossegurança, tal como prevista na Lei, estará voltada preponderantemente para o controle de OGM e seus derivados. Aliás, o artigo 10 da Lei faz referência expressa à "PNB *de OGM* e seus derivados" (grifo nosso).

Conclui-se, portanto, que o Estado brasileiro não se desincumbiu satisfatoriamente de sua obrigação de proteger o genoma humano, sobretudo quanto à criação de órgãos competentes para o controle da biossegurança nas atividades relacionadas à manipulação genética humana. Equivocadamente, o legislador ordinário julgou que proibindo algumas técnicas já estaria atuando de maneira suficiente e adequada na proteção do patrimônio genético humano, o que leva a crer que não levou na devida conta os riscos que decorrem das atividades que, não proibidas, restaram-se por permitidas, como é o caso das terapias gênicas e das alterações de material genético sem finalidade terapêutica em células somáticas.

A Lei de Propriedade Industrial e o patenteamento de material genético humano

A Lei Federal n.9.279, de 14 de maio de 1996, ao dispor sobre a concessão de patentes no Brasil, garantiu a proteção do genoma humano enquanto patrimônio da humanidade e direito difuso. Nesse ponto, portanto, o Estado brasileiro atuou com maior eficiência no cumprimento de sua obrigação constitucional de proteger o genoma humano, ainda que a proteção conferida pela Lei não tenha sido completamente satisfatória, como se verá adiante.

O mencionado diploma legal define *patente* como o título outorgado pelo Poder Público ao autor de invenção ou modelo de utilidade que lhe garante a propriedade (artigo 6°). A patente confere a seu titular o direito de impedir que terceiro, sem seu consentimento, produza, use, coloque à venda, venda ou importe com estes propósitos o objeto de sua patente, seja ele produto ou processo (artigo 42), ficando assegurado a seu titular o direito de obter indenização pela exploração indevida daquele objeto (artigo 44).

Invenção é definida pela Lei como a criação intelectual que atende aos requisitos de novidade, atividade inventiva e aplicação industrial (artigo 8°). De acordo com o artigo 10 da Lei, não se considera invenção as descobertas, teorias científicas e métodos matemáticos (inciso I), os métodos terapêuticos ou de diagnóstico para aplicação no corpo

DIREITO, ÉTICA E BIOSSEGURANÇA 213

humano (inciso VIII), nem o todo ou parte de seres vivos naturais e materiais biológicos encontrados na natureza, ou ainda que dela isolados, incluído o genoma ou germoplasma de qualquer ser vivo natural e os processos biológicos naturais (inciso IX). E conforme artigo 18, inciso III, não é patenteável o todo ou parte dos seres vivos, exceto os microrganismos transgênicos que atendam aos três requisitos de patenteabilidade (novidade, atividade inventiva e aplicação industrial). Assim, de acordo com a legislação brasileira, os conhecimentos sobre o corpo humano, incluído o genoma humano, são apenas descobertas científicas, não invenções, razão pela qual não é cabível o patenteamento de genes, cromossomos, ou quaisquer partes de DNA humano. Da mesma forma, não são patenteáveis, por não serem considerados como invenção pela Lei, quaisquer métodos terapêuticos, incluindo-se aí aqueles baseados no conhecimento genético e na manipulação de genes, como é o caso das geneterapias.

A Lei, no entanto, deixa aberta a possibilidade de se conceder patentes sobre os métodos de mapeamento e seqüenciamento de DNA e sobre os procedimentos que possibilitam o acesso ao material genético e sua manipulação. Em geral, os processos criados pela biotecnologia para a localização, seqüenciamento e manipulação de genes, desde que atendam àqueles três requisitos exigidos pela Lei (novidade, atividade inventiva e aplicação industrial) seriam, em princípio, patenteáveis, com exceção dos métodos estritamente terapêuticos. Assim, por exemplo, embora os métodos utilizados nas terapias gênicas não sejam em si patenteáveis, o são os métodos que precedem e condicionam a sua realização, como aqueles utilizados para localizar, seqüenciar e descobrir a função de genes, bem como para separar partes do DNA a fim de manipulá-lo. Dessa forma, seriam patenteáveis, por exemplo, os produtos da indústria farmacogênica, produzidos com a utilização de informação genética humana.

Entende-se que o patenteamento de processos de acesso e manipulação de genes implicaria uma apropriação dos usos que se pode fazer com o conhecimento do genoma humano, o que, em última instância, redundaria em uma apropriação, ainda que indireta, do próprio patrimônio genético humano. Ora, se os procedimentos que permitem o acesso ao interior da estrutura do DNA humano são patenteáveis, isso significa que o uso da informação genética humana e do próprio genoma humano poderão se transformar em monopólio de alguns, sujeito às leis do mercado, o que igualmente afronta o entendimento do genoma humano como patrimônio da humanidade.

Seria curial, pois, que o Estado revisse a Lei de Propriedade Industrial no aspecto acima abordado, detalhando-o melhor a ponto de não deixar lacunas para uma aplicação indesejada da Lei, posto que, do contrário, o conhecimento científico e tecnológico produzido em torno do genoma humano correrá o risco de tornar-se mercadoria, objeto comerciável, fazendo sucumbir o projeto ético de uma ciência libertadora, acessível a todos e voltada para a satisfação dos interesses e necessidades genuinamente humanos.

Conclusão

Quando se observam as conquistas científicas e tecnológicas dos últimos anos, a impressão que se tem é que a ciência avança a passos largos, e a ética e o direito correm atrás tentando acompanhá-la ou mesmo refreá-la. Não resta dúvida de que a liberdade científica é questão muito cara à humanidade; mas essa mesma humanidade terá de se habituar a refletir constantemente sobre o futuro que ela deseja construir, o que implica refletir sobre o papel da ciência, o que ela pode e deve fazer.

A questão de impor limites éticos e jurídicos à ciência é delicada, porque ficará sempre em aberto a questão antitética de saber se a ciência aceita esses limites. Não se olvida que a própria comunidade científica vem rediscutindo o papel da ciência, sua significação no meio social, seus resultados, suas aplicações e, sobretudo, *como* e *por quem* seus resultados são utilizados. Não se olvida que os próprios cientistas vêm postulando seu direito (e dever) de decidir sobre a ciência que querem produzir e sobre a utilização prática dos resultados de sua produção. No entanto, a sociedade em geral, como destinatária dos resultados da ciência, como aquela que vai suportar os usos, benéficos ou maléficos, que venham a ser feitos desse conhecimento, não pode renunciar a seu direito de tomar parte nas mesas de discussão e negociação em que se definem os rumos da

216 JULIANA ARAÚJO LEMOS DA SILVA MACHADO

ciência e, em boa medida, os rumos da própria humanidade. Daí a importância do direito e da ética como instâncias legítimas para, se não determinar, exercer alguma influência nos rumos que o conhecimento científico tomará.

Parece natural, pois, que o Estado, por meio do direito positivo, venha a se imiscuir nos assuntos científicos, atuando como fomentador do desenvolvimento científico e tecnológico ou como mero garantidor do direito de liberdade científica, outras vezes, ainda, proibindo determinadas atividades e, até mesmo, criminalizando algumas condutas, e na maior parte das vezes, simplesmente permitindo e regulamentando o desenvolvimento da pesquisa científica e de sua aplicação. Essa atuação estatal, sobre ser *poder* legitimamente conferido pela sociedade, revela-se como verdadeiro *dever* de atuação, haja vista a obrigação de o Estado proteger os bens jurídicos maiores da sociedade, como o são a vida, a saúde e a dignidade das pessoas, não raras vezes vulneradas ou colocadas em situação de risco pelos novos experimentos científicos e aplicações tecnológicas.

Especialmente no caso do Brasil, e naquilo que se refere à temática deste trabalho, foi visto que a obrigação do Estado na proteção da vida, saúde e dignidade humanas e, especialmente, na proteção do genoma humano, tem sua fonte na Constituição Federal de 1988, da qual, aliás, decorre o proclamado direito ao genoma humano, que então se afigura como autêntico direito humano fundamental.

Essa obrigação constitucional do Estado brasileiro deveria se materializar mediante a edição de normas infraconstitucionais que albergassem a proteção do patrimônio genético humano, valendo-se de mecanismos tais como a normatização das técnicas de manipulação genética humana (proibição, permissão, restrição e/ou regulamentação), a criação de órgãos com competência específica para o controle da biossegurança das atividades científicas e tecnológicas que envolvem a manipulação de material genético humano, e, por fim, a formulação e implementação de uma política nacional de biossegurança voltada para a manipulação genética humana.

Um exame da produção legislativa pátria revelou, no entanto, que a única lei a tratar da manipulação genética humana (Lei Fede-

DIREITO, ÉTICA E BIOSSEGURANÇA **217**

ral n.11.105/2005) o fez de forma insuficiente, inapropriada e com duvidosa legitimidade.

Ressalte-se, de início, a inadequação de se conjugar, no mesmo documento legislativo, temas tão díspares, como a pesquisa em embriões, a manipulação genética humana e atividades com organismos geneticamente modificados (OGM), com o agravante de que a manipulação de material genético humano ficou totalmente à sombra do tratamento dado aos OGM, que simplesmente impregnou a quase totalidade do texto da Lei. Prova de que a proteção do genoma humano foi preocupação menor do legislador é o preâmbulo da Lei, o qual não faz menção à manipulação genética humana.[1]

Nos poucos artigos dedicados à manipulação do genoma humano, percebe-se que a normatização foi insuficiente e descurada, eis que simplesmente cuidou de proibir a clonagem humana (reprodutiva e terapêutica) e a manipulação genética em células germinais, zigoto e embrião humanos. Esse foi o tratamento que o Estado brasileiro deu à questão da manipulação genética humana. Nenhuma palavra sequer foi dita sobre o controle dos riscos e danos das terapias gênicas, sobre a licitude ou não da alteração do código genético sem finalidade terapêutica, sobre a proteção da integridade, identidade e intimidade genéticas do indivíduo, incluídos, aí, o uso das informações genéticas, sua divulgação a terceiros (empregadores, seguradoras, o próprio Estado), a regulamentação dos testes genéticos e do aconselhamento genético, a previsão de medidas para se combater práticas eugênicas etc. Poder-se-ia argumentar que tais assuntos não caberiam em uma "lei de biossegurança", argumento este que não afasta a omissão do

---

1   Diz o preâmbulo da Lei n.11.105/2005: "Regulamenta os incisos II, IV e V do parágrafo 1º do art. 225 da Constituição Federal, estabelece normas de segurança e mecanismos de fiscalização de atividades que envolvam organismos geneticamente modificados – OGM e seus derivados, cria o Conselho Nacional de Biossegurança – CNBS, reestrutura a Comissão Técnica Nacional de Biossegurança – CTNBio, dispõe sobre a Política Nacional de Biossegurança – PNB, revoga a Lei n.8.974, de 5 de janeiro de 1995, e a Medida Provisória n.2.191-9, de 23 de agosto de 2001, e os artigos 5º, 6º, 7º, 8º, 9º, 10 e 16 da Lei n.10.814, de 15 de dezembro de 2003, e dá outras providências".

218 JULIANA ARAÚJO LEMOS DA SILVA MACHADO

Estado e que mais acentua a impropriedade de tratar do genoma humano junto com assuntos tão diferentes, como o são as atividades com OGM.

Não bastasse, percebe-se que os órgãos previstos na Lei com competência para atuar na área de biossegurança (Conselho Nacional de Biossegurança – CNBS, Comissão Técnica Nacional de Biossegurança – CTNBio e Comissão Interna de Biossegurança – CIBio) não foram projetados para tratar de assuntos relacionados diretamente à manipulação genética humana, eis que na descrição de suas competências o enfoque é no controle das atividades que envolvem OGM. Mais ainda, a Política Nacional de Biossegurança (PNB), tal como prevista na Lei, também se revelará em mais um instrumento voltado para o controle das atividades relacionadas a OGM, portanto, sem preocupação com a proteção do genoma humano.

Por fim, a legitimidade do novo instrumento legislativo é duvidosa, haja vista que temas importantes como a clonagem humana foram decididos sem a participação da sociedade civil, já que os instrumentos da democracia participativa (audiências públicas, plebiscito ou referendo), aptos a incluir a sociedade no processo de tomada de decisões, não foram utilizados.

Percebe-se, assim, que o Estado brasileiro, até o momento, não cumpriu adequadamente sua obrigação constitucional de proteger o genoma humano, o que parece indicar que a necessidade de se atuar na proteção do ser humano e de toda a humanidade, em decorrência dos avanços da engenharia genética, ainda não foi por ele sentida. Seria importante que o Estado brasileiro analisasse melhor as recomendações oriundas dos documentos internacionais que tratam do genoma humano, como a Declaração sobre o Genoma Humano e os Direitos Humanos e a Declaração Internacional sobre os Dados Genéticos Humanos, e que, como membro da Unesco, que adotou as referidas declarações, cuidasse de prever e assegurar internamente os direitos que ali foram proclamados de forma genérica, adaptando as disposições à realidade nacional.

Claro que o tratamento doméstico das questões relativas ao genoma humano não será suficiente para uma adequada proteção do patrimônio genético humano em sua perspectiva difusa e como patrimônio da humanidade. Imprescindível aí será a cooperação internacional entre Estados, com a assunção de compromissos recíprocos, por meio de tratados, acordos e convenções internacionais, a fim de que não surjam espaços de anomia, onde a engenharia genética possa ser praticada sem limites e onde genes humanos possam ser patenteados, apropriados e comercializados por empresas de biotecnologia.

Aliás, se se quiser efetivamente proteger o homem em sua dignidade e, como pressuposto necessário e indissociável, assegurar as condições que lhe possibilitam a vida saudável no planeta, a comunidade internacional ou, na expressão de Boff (2003, passim), a "civilização planetária", terá de repensar a relação do homem com a natureza e o lugar que nessa lhe cabe. O poder proporcionado ao homem pela ciência, que lhe tem assegurado aumentar significativamente sua capacidade de intervenção na natureza e, também, sua capacidade de dominação do homem pelo próprio homem, há de ser revisto e reavaliado. Trata-se, em boa medida, de reverter o processo que fez sucumbir a ciência e a tecnologia à lógica do mercado e que, com isso, na ânsia de lucro e de dominação, fez a "tecnociência" descurar-se dos valores humanos autênticos. Mas não só. Talvez o mais importante seja descobrir até que ponto a intervenção do homem na natureza está a serviço do próprio homem.

Esses questionamentos ganham especial relevância quando se trata da intervenção no patrimônio genético dos seres vivos, aí incluído o ser humano. O poder que a ciência proporcionou ao homem de operar alterações deliberadas e direcionadas em seu próprio genoma e no dos demais seres vivos pode afetar radicalmente o curso da vida no planeta, destruindo em pouco tempo aquilo que a natureza levou milhões de anos para construir. A intangibilidade do patrimônio genético é questão que merece uma reflexão mais acurada não só da comunidade científica, mas de toda a civilização planetária. Por que e para que criar organismos geneticamente modificados ou alterar o patrimônio genético do ser humano? Parece que uma intervenção de tal natureza e gravidade na vida só se justifica na medida em que esteja a serviço da própria vida.

No caso do ser humano, só se apresentam ética e juridicamente aceitáveis as intervenções que tenham por finalidade a cura de doenças, e mesmo assim, desde que não haja outro meio para se alcançar o resultado pretendido e desde que a alteração seja pontual, sem transmissão à descendência (terapia gênica somática). No caso dos demais seres vivos, parece que, de igual modo, a produção de plantas e animais transgênicos só se justifica na medida em que esteja voltada para a preservação e continuidade da vida; outros propósitos, como a redução de custos nas lavouras ou o aumento da produtividade, não justificam a assunção de riscos tão elevados para a vida, como o perigo de poluição genética e de diminuição da biodiversidade.

Ainda que se possa dizer que se trata de algo certo e irreversível, os caminhos que a ciência vem trilhando nos últimos tempos, sobretudo na área da engenharia genética, são questionáveis. Os maiores problemas que a humanidade enfrenta na atualidade, como a degradação ambiental e a exclusão social de milhares de pessoas, não têm figurado, como seria de se esperar, na agenda científica. Aliás, paradoxalmente, os resultados mais diretos da produção científica e tecnológica dos últimos anos têm sido, justamente, o aumento da degradação ambiental e o aprofundamento das desigualdades sociais.

Pesquisas com elevado custo econômico, como o Projeto Genoma Humano e pesquisas envolvendo a manipulação de material genético, são mesmo questionáveis em sua legitimidade quando confrontadas com os reais problemas que assolam a humanidade, o que se torna ainda mais questionável quando tais pesquisas são financiadas com recursos públicos. Não se trata de negar a importância do progresso científico, mas de se estabelecer quais são as reais prioridades de nossa civilização planetária e, no Brasil, quais são as prioridades do povo brasileiro.

Seria mesmo o caso de se perguntar: qual a legitimidade desta ciência que se está produzindo? Será que o "progresso" científico basta a si próprio, independentemente das conseqüências que venha a provocar?

O que se percebe é que a hipertrofia do conhecimento científico e tecnológico, que não deixa espaço para outros tipos de saber, tidos por não *competentes*, tem feito com que ciência e tecnologia sejam vistas como valores em si, auto-referentes, autotélicas e autônomas,

DIREITO, ÉTICA E BIOSSEGURANÇA 221

fazendo surgir uma nova forma de *alienação*. Do mesmo modo que se verificou a alienação do trabalhador no processo de produção, já que compelido a produzir objetos nos quais não se reconhece e que são para ele inacessíveis e frutos de necessidades artificiais, assim também o processo científico e tecnológico tem servido para alienar o homem, vez que esse – pelo menos a maioria da humanidade, pobre e excluída – não se reconhece naquilo que a ciência produz e não tem acesso às conquistas científicas, frutos muito mais do desejo ilimitado de controlar a natureza e o próprio homem, do que do propósito de servir aos autênticos interesses da humanidade. O que outrora Marx e Engels disseram sobre a força produtiva pode agora ser perfeitamente aplicado à ciência e à tecnologia que, aliás, foram efetivamente incorporadas no processo produtivo. Deveras, assim como a força produtiva, a tecnociência aparece hoje aos indivíduos como

> uma força estranha situada fora deles, cuja origem e cujo destino ignoram, que não podem mais dominar e que, pelo contrário, percorre agora uma série particular de fases e de estágios de desenvolvimento, independente do querer e do agir dos homens e que, na verdade, dirige este querer e agir. (Marx & Engels, 1999, p.49-50)

Assim é que se observa um "estranhamento" do homem diante dos novos avanços da pesquisa científica e tecnológica, eis que ele não se reconhece como *sujeito* dos caminhos que a ciência vem trilhando, justamente porque é coisificado (alienado), instrumentalizado por ela, tornando-se mera parte funcional da realidade tecnocientífica, portanto, coisa, objeto manipulável pelos interesses da ciência, que não raras vezes se confundem com interesses econômicos. Então, na seara científica e tecnológica, mais uma vez o homem aparece como algo estranho dentro da Totalidade vigente, como oprimido dentro dela, como o Outro negado que clama por libertação.

Além, contudo, desse Outro, oprimido dentro da Totalidade, o conhecimento científico e tecnológico, ou mais propriamente, o uso que dele se vem fazendo, tem sido responsável também pela produção de uma nova Exterioridade, em que o Outro aparece como aquele

222 JULIANA ARAÚJO LEMOS DA SILVA MACHADO

totalmente à margem das conquistas tecnocientíficas, já que sem acesso a elas e sem nenhuma possibilidade de participar da definição dos rumos da ciência. E esse Outro excluído também lança seu grito por libertação.

É urgente e necessário, portanto, que se construa uma nova Totalidade, na qual se inclua uma nova ciência, ao lado de uma nova política, uma nova economia, uma nova erótica, uma nova pedagogia etc. É preciso fazer penetrar o Outro excluído na Totalidade vigente e libertar o Outro oprimido dentro dessa mesma Totalidade, o que implica, por um lado, superar a alienação do homem diante da ciência e da tecnologia, a fim de que ele possa figurar diante delas como *sujeito*, e não como coisa e, por outro lado, fazer que as conquistas científicas se tornem acessíveis a todos e que o processo de tomada de decisões seja democratizado. Trata-se, pois, de libertar o homem do poder que a detenção do conhecimento científico e tecnológico proporciona, de modo a fazer com que a ciência se coloque a serviço da diminuição do sofrimento humano, da promoção da inclusão social e da preservação do meio ambiente, e que as benesses das conquistas científicas sejam socializadas, estendidas a todos, o que certamente inclui as futuras gerações.

Repensar os rumos da ciência, a fim de que essa se coloque efetivamente a serviço da libertação do homem, é tarefa inadiável e que não pode ser subtraída da esfera de decisão da sociedade, pois, do contrário, a humanidade poderá chegar ao ponto de dominar os mecanismos mais intrínsecos da vida, com a possibilidade de clonar seres humanos e de manipular as características genéticas dos seres vivos, sem que tenha conseguido resolver problemas básicos como propiciar as condições materiais indispensáveis para que uma pessoa possa, simplesmente, viver com dignidade.

REFERÊNCIAS BIBLIOGRÁFICAS

AGNELO, G. M. Biogenética: esperanças, ilusões e riscos. *Folha de S.Paulo*, São Paulo, 7 nov. 2004, p. A3.

ALARCÓN, P. de J. L. *Patrimônio genético humano e sua proteção na Constituição Federal de 1988*. São Paulo: Método, 2004.

ALFONSO-GOLDFARB, A. M. *O que é história da ciência*. São Paulo: Brasiliense, 1994.

ARISTÓTELES. *Ética a Nicômacos*. Trad. de Mário da Gama Kury. Brasília: Universidade de Brasília, 1999.

AS CÉLULAS de mil faces. *Pesquisa Fapesp*: ciência e tecnologia no Brasil. São Paulo, n.89, p.38-9, jul. 2003.

BEIGUELMAN, B. Nada contra a clonagem. *Com Ciência*: Revista eletrônica de jornalismo científico, n.27, dez. 2001–jan. 2002. *On-line*. Disponível em: <http://www.comciencia.br/reportagens/clonagem/clone11.htm>. Acesso em: 3 mar. 2004.

BOBBIO, N. *A era dos direitos*. Trad. Carlos Nelson Coutinho. Rio de Janeiro: Campus, 1992.

_____. *O positivismo jurídico*: lições de filosofia do direito. São Paulo: Ícone, 1995.

BOFF, L. *Ética e moral*: a busca dos fundamentos. Petrópolis: Vozes, 2003.

BONAVIDES, P. *Curso de direito constitucional*. 8.ed. São Paulo: Malheiros, 1999.

224 JULIANA ARAÚJO LEMOS DA SILVA MACHADO

BRODY, D. E., BRODY, A. R. *As sete maiores descobertas científicas da história e seus autores.* Trad. Laura Teixeira Motta. São Paulo: Cia. das Letras, 1999.

BUCHALLA, A. P., PASTORE, K. Células da esperança. *Revista Veja.* São Paulo, ano 37, n.12, p.84-91, mar. 2004.

CALABUIG, J. A. G. *Medicina legal y toxicologia.* 5.ed. Madrid: Masson S.A., 1998.

CANOTILHO, J. J. G. *Direito constitucional.* 6.ed. Coimbra: Livraria Almedina, 1993.

CHAUI, M. *Convite à filosofia.* 11.ed. São Paulo: Ática, 1999.

CUNHA, R. Bioética discute uso da informação do genoma humano. *Com Ciência:* Revista eletrônica de jornalismo científico. n.41, abr. 2003. *On-line.* Disponível em: <http://www.comciencia.br/reportagens/genetico/gen06.shtml>. Acesso em: 2 mar. 2004.

DALL'AGNOL, D. *Bioética.* Rio de Janeiro: Jorge Zahar Ed., 2005.

DIAS, J. A. A. *Dano corporal:* quadro epistemológico e aspectos ressarcitórios. Coimbra: Almedina, 2001.

DIAS NETO, E. Quebra-cabeças da complexidade. *Pesquisa Fapesp:* ciência e tecnologia no Brasil. São Paulo, p.15-19, 2003. Edição Especial: Dupla Hélice 50 anos.

DINIZ, M. H. *O estado atual do biodireito.* São Paulo: Saraiva, 2001.

DUSSEL, E. *Filosofia da libertação:* crítica à ideologia da exclusão. São Paulo: Paulus, 1995.

―――――. *Ética da libertação:* na idade da globalização e da exclusão. Petrópolis: Vozes, 2000.

DWORKIN, R. *Levando os direitos a sério.* São Paulo: Martins Fontes, 2002.

GIRARDI, G. Técnica gera célula-tronco sem embrião. *Folha de S.Paulo,* São Paulo, 21 nov. 2007, p.A18.

GOLDIM, J. R. Vetor; Adenovírus; Retrovírus. Disponível em: <http://www.bioetica.ufrgs.br/vetor.htm>. Acesso em: 21 out. 2005.

GRUPO FAZ O PRIMEIRO CLONE humano com célula adulta. *Folha de S.Paulo,* São Paulo, 18 jan. 2008, p.A 13.

HABERMAS, J. Um argumento contra clonar pessoas: três réplicas. In: ―――――. *A constelação pós-nacional:* ensaios políticos. Trad. Márcio Seligmann-Silva. São Paulo: Littera Mundi, 2001. p.209-20.

DIREITO, ÉTICA E BIOSSEGURANÇA **225**

HOGEMANN, E. R. R. S. *Conflitos bioéticos*: o caso da clonagem humana. Rio de Janeiro: Lumen Juris, 2003.

KURZ, R. Os paradoxos dos direitos humanos. *Folha de S.Paulo*, São Paulo, 16 mar. 2003. Caderno Mais!

LACERDA, N. Patenteamento de material genético humano. In: SÁ, M. de F. F. de. (Coord.) *Biodireito*. 2.ed. Belo Horizonte: Del Rey, 2002. p.387-97.

LEITE, M. O que os genes não podem fazer. *Folha de S.Paulo*, São Paulo, 13 mar. 2005. Caderno Mais!, p.9.

_____. É cedo para enterrar a clonagem. *Folha de S.Paulo*, São Paulo, 21 nov. 2007, p.A18.

LINHA DO TEMPO do DNA. *Folha Ciência on-line*. 7 mar. 2003. Disponível em: <http://www1.folha.uol.com.br/folha/especial/2003/dna/fe0703200312.shtml>. Acesso em: 21 out. 2005.

LOPES, R. J. Interlúdio da biologia molecular. *Pesquisa Fapesp*: ciência e tecnologia no Brasil. São Paulo, p.24-8, 2003. Edição Especial: Dupla Hélice 50 anos.

LORENTZ, J. T. O início da vida humana. In: SÁ, M. de F. F. de. (Coord.) *Biodireito*. 2.ed. Belo Horizonte: Del Rey, 2002. p.329-59.

MADDOX, J. R. *O que falta descobrir*: explorando os segredos do universo. Trad. Ronaldo de Biasi. Rio de Janeiro: Campus, 1999.

McLAREN, A. Mais dúvidas do que certezas no domínio da técnica. (Entrevista). *Pesquisa Fapesp*: ciência e tecnologia no Brasil. São Paulo, n.73, p.19-20, mar. 2002. Suplemento especial: Clonagem.

MARQUES NETO, A. R. *A ciência do direito*: conceito, objeto, método. 2.ed. Rio de Janeiro: Renovar, 2001.

MARTÍNEZ, S. M. *Manipulação genética e direito penal*. São Paulo: IBCCrim, 1998.

MARX, K., ENGELS, F. *A ideologia alemã*: I – Feuerbach. Trad. José Carlos Bruni e Marco Aurélio Nogueira. 11.ed. São Paulo: Hucitec, 1999.

MORAIS, J. F. R. de. *Ciência e tecnologia*: introdução metodológica e crítica. 2.ed. São Paulo: Cortez & Moraes, 1978.

MORAIS, J. L. B. de. *Do direito social aos interesses transindividuais*: o Estado e o direito na ordem contemporânea. Porto Alegre: Livraria do Advogado, 1996.

MOURA, M. Meio século de uma revolução (carta do editor). *Pesquisa Fapesp*: ciência e tecnologia no Brasil. São Paulo, p.5, 2003. Edição Especial: Dupla Hélice 50 anos.

OLIVEIRA, M. A. de. *Ética e práxis histórica*. São Paulo: Ática, 1995.

OS CLONES estão entre nós. Estamos preparados? *Pesquisa Fapesp*: ciência e tecnologia no Brasil. São Paulo, n.73, p.2-7, mar. 2002. Suplemento especial: Clonagem.

PENNA, J. B. *Deformidade permanente:* avaliação penal e cível. Leme: LED – Editora de Direito, 1998.

_____. *Enfermidade incurável x deformidade permanente sob a óptica médica e médico-legal.* Franca: Editora Unesp-FHDSS, 2004.

PIVETTA, M. Novidade do Oriente: sul-coreanos extraem células-tronco de embrião humano e reabrem polêmica. *Pesquisa Fapesp*: ciência e tecnologia no Brasil. São Paulo, n.97, mar. 2004. *On-line*. Disponível em: <http://revistapesquisa.fapesp.br/show.phd?id= revistas1.fapesp1..20040308.20040397..SEC3_5>. Acesso em: 21 out. 2005.

REINACH, F. A materialização dos genes. *Folha Ciência on-line*. 7 mar. 2003. Disponível em: <http://www1.folha.uol.com.br/folha/especial/2003/dna/fe0703200305.shtml>. Acesso em: 21 out. 2005.

RIBEIRO, R. J. Prometeu *versus* Narciso: a ética e a clonagem. *Pesquisa Fapesp*: ciência e tecnologia no Brasil. São Paulo, n.73, p.21-4, mar. 2002. Suplemento especial: Clonagem.

SALDANHA, N. *Ética e história*. Rio de Janeiro: Renovar, 1998.

SANT'ANNA, A. A. *A nova genética e a tutela penal da integridade física.* Rio de Janeiro: Lumen Juris, 2001.

SANTOS, B. de S. *Para um novo senso comum:* a ciência, o direito e a política na transição paradigmática. São Paulo: Cortez, 2000. v.1: A crítica da razão indolente: contra o desperdício da experiência.

SEGRE, M., GUZ, G.. Início da vida e células-tronco embrionárias. *Folha de S.Paulo*, São Paulo, 14 jul. 2005. Tendências/Debates, p.A3.

SILVA, J. A. da. *Poder constituinte e poder popular*: estudos sobre a Constituição. São Paulo: Malheiros, 2000.

_____. *Curso de direito constitucional positivo.* 20.ed. São Paulo: Malheiros, 2002.

SOUSA, R. V. A. C. de. *O direito geral de personalidade.* Coimbra: Coimbra Editora, 1995.

DIREITO, ÉTICA E BIOSSEGURANÇA 227

VÁZQUEZ, A. S. *Ética*. Trad. João Dell'Anna. 20.ed. Rio de Janeiro: Civilização Brasileira, 2000.

ZAGO, M. A. Injeções de vida: clonagem e terapia celular. *Pesquisa Fapesp*: ciência e tecnologia no Brasil. São Paulo, n.73, p.15-18, mar. 2002. Suplemento especial: Clonagem.

ZATZ, M. Clonagem humana: conhecer para opinar. *Pesquisa Fapesp*: ciência e tecnologia no Brasil. São Paulo, n.73, p.8-14, mar. 2002. Suplemento especial: Clonagem.

ZORZETTO, R. Coração restaurado. *Pesquisa Fapesp*: ciência e tecnologia no Brasil. São Paulo, n.88, p.34-39, junho 2003.

WEIS, C. *Direitos humanos contemporâneos*. São Paulo: Malheiros, 1999.

WOLKMER, A. C. *Pluralismo jurídico*: fundamentos de uma nova cultura no direito. São Paulo: Alfa Ômega, 1994.

SOBRE O LIVRO

Formato: 14 x 21 cm
Mancha: 23,7 x 42,5 paicas
Tipologia: Horley Old Style 10,5/14
Papel: Offset 75 g/m² (miolo)
Cartão Supremo 250 g/m² (capa)
1ª edição: 2008

EQUIPE DE REALIZAÇÃO

Coordenação Geral
Marcos Keith Takahashi

Impressão e Acabamento